# 电子商务生态系统构建
# 与发展模式研究

万守付　著

中国商务出版社

**图书在版编目（CIP）数据**

电子商务生态系统构建与发展模式研究 / 万守付著
. -- 北京 ： 中国商务出版社，2021.6（2025.1重印）
ISBN 978-7-5103-3800-7

Ⅰ．①电… Ⅱ．①万… Ⅲ．①电子商务－研究 Ⅳ.
①F713.36

中国版本图书馆 CIP 数据核字(2021)第 084210 号

电子商务生态系统构建与发展模式研究
DIANZISHANGWU SHENGTAI XITONG GOUJIAN YU FAZHAN MOSHI YANJIU
万守付　著

出　　　版：中国商务出版社
地　　　址：北京市东城区安定门外大街东后巷 28 号　　　　邮编：100710
责任部门：职业教育事业部（010-64218072　295402859@qq.com）
责任编辑：魏红
总 发 行：中国商务出版社发行部（010-64208388　64515150）
网　　　址：http：//www.cctpress.com
邮　　　箱：cctp@cctpress.com
排　　　版：胡广兴
印　　　刷：北京市兴怀印刷厂
开　　　本：787mm×1092mm　　1/16
印　　　张：10．75　　　　　　　　　字　　数：249 千字
版　　　次：2022 年 1 月第 1 版　　　印　　次：2025 年 1 月第 2 次印刷
书　　　号：ISBN 978-7-5103-3800-7
定　　　价：79.00 元

# 前　言

　　电子商务的出现，带来了社会、经济、政治、组织结构和现代人生活等方方面面的重要变革。在工业化与信息化融合的大背景下，电子商务的发展对提高我国经济竞争能力起着举足轻重的作用。本书将电子商务系统作为一个复杂的适应系统和商业生态系统，研究了该系统的构建方法、特性、演化发展与平衡、共生关系、实践应用等内容，阐述了电子商务生态系统理论体系及其发展模式。

　　全书共 7 章，内容包括：

　　第一章　电子商务的生态构建

　　第二章　电子商务生态系统分析

　　第三章　电子商务生态系统的演化发展与平衡

　　第四章　电子商务生态系统的共生模式和协同发展

　　第五章　电子商务生态系统实践应用

　　第六章　电子商务生态系统发展、综述及评价

　　第七章　我国电子商务生态系统——以阿里巴巴为例

　　作者以高度的热情和严谨的态度撰写本书。本书在撰写过程中参考、引用了许多国内外专家、学者的研究成果，在此一并致谢！但限于作者的水平，书中难免存在疏漏和不妥之处，敬请专家、学者、同行及广大读者予以批评指正。

作　者

2021 年 4 月

# 目　　录

第一章　电子商务的生态构建 ·················································· 1

　　第一节　如何构建企业电子商务生态系统 ······························· 1

　　第二节　电子商务环境下商业生态系统的构建 ························· 3

　　第三节　电子商务类平台型企业生态系统构建 ························· 7

　　第四节　企业电子商务生态系统构建与平衡 ··························· 11

　　第五节　电子商务生态系统的健康评价 ······························· 15

　　第六节　电子商务生态系统的协同创新模式 ··························· 21

　　第七节　基于商业生态视角的电子商务服务平台竞争力评价 ········· 25

第二章　电子商务生态系统分析 ·············································· 30

　　第一节　电子商务产业集群生态化系统结构分析 ····················· 30

　　第二节　电子商务生态系统的构成特征及其演化路径 ················· 34

　　第三节　电子商务生态系统内涵、特征及优势 ······················· 39

　　第四节　商业生态系统的研究现状综述 ······························· 43

第三章　电子商务生态系统的演化发展与平衡 ······························· 48

　　第一节　电子商务生态系统的演化发展 ······························· 48

　　第二节　电子商务生态系统及其演化路径 ····························· 52

　　第三节　电子商务生态系统的演化与平衡 ····························· 56

　　第四节　互联网商业生态系统及其内涵研究 ··························· 61

　　第五节　平台型电子商务生态系统的协同创新 ························· 70

第四章　电子商务生态系统的共生模式和协同发展 ··························· 74

　　第一节　电子商务生态链互利共生机制 ······························· 74

　　第二节　电子商务生态系统的共生模式 ······························· 78

　　第三节　基于生态学视角的平台型电子商务集群的共生演化 ········· 82

　　第四节　电子商务价值生态系统的协同发展 ··························· 86

　　第五节　网商在电子商务生态系统中的共生关系研究 ················· 95

　　第六节　网络生态视角下零售业电子商务业态发展分析 ··············· 100

第七节　网商生态系统交易主体间信用行为博弈 ················ 105

第五章　电子商务生态系统实践应用 ························ 113

第一节　电子商务生态系统主体及发展环境分析 ··············· 113

第二节　电子商务信息服务生态系统实践应用 ················ 116

第三节　电子商务进农村推动精准扶贫的机理与路径 ··········· 120

第四节　基于扎根理论的电子商务产业园区形成路径探索 ········ 128

第五节　电子商务生态系统协调性优化策略研究——以苏宁云商为例 ······ 135

第六章　电子商务生态系统发展、综述及评价 ················ 140

第一节　电子商务生态系统可持续发展 ····················· 140

第二节　电子商务生态系统文献综述及评价 ·················· 143

第三节　生态系统视角下的高职电子商务专业人才培养模式 ······ 145

第七章　我国电子商务生态系统——以阿里巴巴为例 ··········· 150

第一节　打造电子商务生态系统 ························· 150

第二节　阿里巴巴共赢的生态链 ························· 153

第三节　论电子商务生态系统的构建和变革 ·················· 156

第四节　阿里巴巴淘宝村生态系统 ······················ 159

参考文献 ······················································ 164

# 第一章　电子商务的生态构建

## 第一节　如何构建企业电子商务生态系统

**【本节论点】**

　　电子商务拓宽了企业的发展空间，为其提供快捷服务，提高企业竞争力。近几年，随着网络技术、互联网经济的快速发展，企业电子商务朝着集群化方向发展，形成统一的电子商务生态系统，丰富经济发展资源。本节对企业电子商务生态系统概念、特点进行阐述，在此基础上提出电子商务生态系统构建措施。

　　商务生态系统指的是一种经济联合体，以个人、组织的相互作用为基础，融合供应商、中间商、客户、资金供应者、生产厂家等组织，实现资源、信息互通，共同发展。在跨地域经济的冲击下，各企业之间逐渐形成一个共联体，企业之间的联系更加密切，企业需要结合当前经济大环境，以互联网为平台，构建商务生态系统，并以全新理念管理企业，发挥电子商务系统的服务性、开放性、融合性优势，实现企业的共同发展。

### 一、企业电子商务生态系统概述

　　电子商务生态系统包括社会生产消费的各成员，并将其看作一个整体，以产品为需求载体，以消费者需求为核心，通过信息流、物流、资金流的共同作用使生产消费以系统的形式稳定运行，实现系统的经济效益，维持效益最大化。企业电子商务生态系统具有开放性、非线性关系、生态平衡性、协同进化性等特点。其中，作为一个开放的系统，企业的人才、知识、商务信息等时刻在发生流动，系统不断适应、学习、优化，不断进步、发展。同时，在企业电子商务系统中，各子系统之间相互作用，呈现非线性关系，各自根据自身的发展情况、未来规划情况动态调整自身，并影响其他子系统发展。此外，电子商务生态系统各主体成员之间的竞合作用是该系统进化的动力，各子系统通过相互影响、合作，调整自我、实现自我平衡，从而使系统出现新的结构顺序，相互协同进化。

# 二、构建企业电子商务生态系统措施

### 1. 遵循开放性、互动性原则

企业电子商务构建应遵循互动性、开放性、系统性原则。其中，互动性，即在系统构建时，应充分考虑各要素之间的相互关系。例如，电子商务生态系统信息流向随外部环境变化而改变，且在电子商务生态环境及主体的二元交互下，各子系统、因子发生变化。因此，在企业电子商务生态系统构建中，应综合考虑各要素、因子之间的关系，全面把握系统环境、动态变化、发展趋势，合理构建系统。同时，作为一个有机整体，各因子之间应保持信息互通，保证系统物质流、信息流畅通，动态协调各主体、因子之间的协作、联系，建立信息流动渠道，保持子系统与环境的相互联系。此外，由于电子商务系统是开放的，因此，在构建过程中，应注意与外界的合作，使各主体根据自身发展合理选择合作对象，进行商品交换。

### 2. 加强系统各个体管理

电子商务生态系统主要包括领导种群、支持种群、关键种群、环境等结构。整个系统的稳定发展需要良好的环境和强有力的领导种群配置、整合资源，还需要消费者、投资商、客户等关键种群的相互联系、结盟及政府、金融机构的支持。因此，在电子商务生态系统构建过程中，为了确保系统的稳定运行，需要完善各结构，加强各部分建设与管理。例如，建立企业电子商务系统，融合采购、物流、销售等流程，为管理人员宏观观测企业运行状况提供平台，并可通过大数据分析预测企业未来趋势，帮助企业制定决策，使企业对市场的反应能力得以提升。同时，在外部环境结构上，完善企业电子商务规章制度，确保系统有序运行，并且改革、创新电子商务信息技术，创新需求。此外，加强各种群之间的协同管理，在各种群之间建立一个联合体，协同各主体之间的信息共性，给予个体支持性服务，实现供应链价值最大化。

### 3. 控制系统内部环境

加强电子商务系统平台的开发、定期检查维修；健全企业组织结构、合理分配职工岗位；进行外部市场环境的调查、建设。例如，在系统开发过程中，对整个开发系统的调查、实施阶段进行监督，以确保在电子商务平台上可以安全顺利地开展业务，降低企业风险。同时，合理分配、明确各部门、岗位责任，减少组织管理层次，增加管理强度，提高企业运行效率、工作效率。此外，由于电子商务企业内部控制体系的建立不仅仅是一整套控制体系的制定，更需要确保各体系的高效运行。因此，为了确保内部控制有效运行，需要建立完善的监督机制。例如，在内部建立一个评审机构，负责评价、监督企业内部工作、控制制度的执行情况和企业外部环境的调查。通过评价监督，分析企业整体运行情况及面临的问题，帮助企业改进内部控制体系，提高内部控制体系的运行效率。同时，加强对数据库、信息平台的监督，定期分析评估信息数据，提高监督的有效性。

### 4．创新电子商务集群发展模式

为了实现企业电子商务生态系统的稳定运营，确保企业的和谐发展，在构建企业电子商务生态系统中，系统管理者应积极探寻电子商务集群发展模式，通过建设第三方机构、建设产业载体等方式促进集群的快速发展。例如，在构建企业电子商务生态系统的过程中，加强电子商务园区机构建设，在园区内建设网络、运输、通信等硬软件设施，为企业之间的相互沟通、交流提供平台，并通过第三方机构监督企业运行，保障园区的信用服务等。同时，积极建设公共网站平台、服务平台，从而使企业可在园区内进行资产评估、金融交易、工商注册等业务，提高工作效率。此外，企业运营的保障是资金，因此，在电子商务生态系统中，要建立产业集群发展基金，加大产品生产等重点项目的资金投入，合理利用、分配电子商务发展资金，有目标地规划企业发展。

## 三、结论

随着信息技术、全球经济的发展，市场结构发生变化，市场经济呈现新格局。在当前的市场经济中，企业已不再是孤立的个体，而是与外部市场环境、其他企业具有密切联系，其发展需要各企业的支持。在此情况下，企业电子商务生态系统构建迫在眉睫，并需要遵循开放性、互动性原则，控制系统内部环境，管理系统主体，促进全面发展。

# 第二节　电子商务环境下商业生态系统的构建

## 【本节论点】

随着互联网和计算机技术的高度发展，电子商务的应用领域和用户规模逐年扩大，商业生态系统模式受到实践应用领域的关注。本文分析了电子商务环境对构建商业生态系统的影响，并对商业生态系统的特征进行了阐述，在此基础上提出电子商务环境下商业生态系统构建的措施。

随着互联网和计算机科学技术的快速发展，电子商务模式依附强大的互联网技术，并逐步拓展市场经济的全球化。截至 2016 年 6 月，中国网民规模达到 7.1 亿人，网络购物用户规模达到 4.48 亿人，2015 年中国电子商务市场交易规模达到 16.4 万亿元，增长 22.7%，这说明电子商务正以前所未有的力量冲击着社会生产的各个层面，电子商务成功地推动了经济的发展和转型。电子商务环境不断成熟，商业结构复杂化，企业个体不能单独存在，各企业之间形成了一种全新的商业生态系统。美国著名经济学家詹姆斯·穆尔在 1996 年出版的《竞争的衰亡》中指出:"所谓的商业生态系统就是以组织和个人相互作用为基础的经济联合体,融合供应商、生产商、销售商、市场中介、投资商、政府、消费者等组织,实现资源共享,信息互通,共同发展。"因此,在电子商务环境下构建商业生态系统是必然选择和趋势。

# 一、电子商务环境对构建商业生态系统的影响

## (一)电子商务环境下价值关联的变化

电子商务的优势在于具有将价值活动紧密联系的能力,通过电子商务软硬件技术搭建网络平台,将价值链上的各个组织通过高效灵活的方式建立起连接,推动系统成员的多方协作,激发价值创造的活动。信息成为其创造新价值的重要组成部分,使组织间的信息和知识的交换数量与交换速度大大提高,并能获得由各项活动产生的实时数据,使传统价值链向数字化价值网络演进,价值链由"线性"变为"网状"。电子商务环境下,电子信息、互联网技术和在线交易等类型的企业加入其中,促使其在电子支付、平台服务等方面形成一个有效和完整的价值网络,通过价值网络的建立,达到价值网络增值的目的,这对商业生态系统的形成和运作将会产生巨大的影响。

## (二)电子商务环境下市场结构的改变

在传统经济中,最终产品由单个企业生产。在电子商务环境下企业是在一个网络化的环境中运营的,企业单个生产的链条被打破了,产品的产、供、销整个价值链中多个行为主体参与其中,使不同"行业"的企业走到了一起,从而增加各自的市场机会,合作竞争成为企业间关系的本质属性,也使得电子商务环境下的市场结构呈现出新的变化,电子商务环境下的市场结构不再是单一结构,而是多层次复合性结构。电子商务通过平台将不同企业联合到一起,相辅相成的各类企业编织成商业生态系统,它把企业的经营大环境变成了一个联系紧密、互为依赖的共生系统,系统组织作为一个整体,强调成员企业的关系以及其发展动力,其市场地位由其内部的各个企业的市场地位共同决定。

## (三)电子商务环境下资源配置方式的转变

电子商务在互联网条件下,资源配置方式出现了新的变化,它不仅包括传统的市场调节机制和政府调节机制,同时还包括信息网络调节机制,电子商务的协作效率通过价值链的上下游,利用信息技术进行业务流程重组,从而实现共同的效率提高。电子商务的发展使全球化经济形势发生改变,传统经济管理理论越来越不适用。未来发展的不可控变量实在太多,各种因素交互影响而"突现"混沌现象和随机性太多,用传统的方法是无法把握的,但商业生态系统理论正是基于这样一种思想而产生的,而建立一个具有特殊成长力和机动性的商业生态系统,使资源配置方式低能耗、低成本、高效率。

## 二、电子商务环境下商业生态系统的特征

### （一）商业生态系统的生物特性

与自然生态系统中的单个物种一样，商业生态系统中的每一家企业最终都要与整个商业生态系统共命运。正如自然界的"核心物种"在生态系统中扮演着核心角色一样，电子商务环境下，企业根据各自扮演的角色承担着不同任务。商业生态系统的"领导种群"是通过为其他企业提供可资利用的"平台"，促进整个生态系统繁衍生息；交易的主体则是商业生态系统活力的体现者，他们的多样性支持着系统的稳定性；而存在于商业生态系统中的第三方支持服务提供商是系统提高效率、整合资源的动力，能有效地激发系统创新。与自然生态系统物种之间的竞争一样，每个物种的生态位决定着种群的发展，因此商业生态系统也是建立在企业生态位分离的基础上的。

### （二）商业生态系统的整体性

在电子商务环境下大量以价值链、供应链为纽带所组成的成员集合在一起，这些成员就像自然生态系统中的物种一样，在相互依赖的关系中生存、进化，"涌现"出一种各个成员所不具有的整体行为，也就是"整体大于部分之和"。形成以产、供、销价值网络为核心的商业生态系统，将系统内各成员的各项功能结合起来形成一个整体。商业生态系统是一个集合概念，系统内组织各成员之间没有绝对的界限，需要把整个系统作为一个有机整体来考虑竞争力的实现，协调系统内各成员之间的关系，维持和增强不同行业之间的动态战略联盟，整合资源、共享信息，优化系统的整体绩效和功能水平。

### （三）商业生态系统的自组织性

商业生态系统面临的动态环境，由大量的处于不同层次的组织相互作用构成，遵循自然界适者生存的原则，系统通过自适应、自组织行为进行调整。商业生态系统是不同环境交换物质和能量的开放系统，是由个体所组成的宏观系统，有自己的演变过程，低层次的子系统会通过进化形成高层次的系统，从而产生特有的特性，这是系统升级的过程，系统的结构和要素相互影响形成动态的有序结构。电子商务环境的快速变化，要求商业生态系统内部自我适应，不断根据环境的变化调整系统的发展方向和结构，从而保证系统的生命力。

### （四）商业生态系统的共同进化

电子商务的发展使竞争变得更加激烈，商业生态系统成员以独特贡献建立一条经济利益相连、业务关系紧密的系统生态价值网络，使得商业生态系统有效运作，通过价值网络实现资源的有效配置。商业生态系统成员要有共同的利益基础，在保持个体优势的同时，优势互补、共同进化，借助系统成员力量提高竞争力。电子商务环境下的商业生态系统共同进化显

得尤为重要，不同行业之间相同的是共同进化的过程，在竞争与合作的商业战略之间相互作用。随着生态系统的不断扩大，系统内成员的效用随着系统成员的增加而增加，系统将网络成员的贡献整合起来，从而给系统成员带来巨大的利益。

# 三、电子商务环境下商业生态系统的构建

## （一）构建基于平台经济的商业生态系统

电子商务的快速发展预示着平台经济的到来，平台经济是指"基于互联网、云计算等现代信息技术，以多元化需求为核心，以平台型企业为主导，整合产业链，融合价值网，提高市场资源配置效率的一种新型经济形态"。构建商业生态系统要以平台治理为手段，通过搭建平台将相互依赖的不同群体集合在一起，促进群体间高效互动，解决系统内成员竞争力的问题，通过平台自觉领导系统成员，协调他们在生态系统中的活动，从而在整个价值网络中获取利润。平台技术能够促进商业生态系统发展，优化商业生态系统，形成合理的生态位以及促进成员企业之间的互动，从而形成健康的商业生态系统。近年来，世界许多企业都是通过平台治理建立生态圈而迅速崛起的。

## （二）构建基于云计算的商业生态系统

电子商务环境下，云计算是基于互联网实现数字资源共享的计算模式。商业生态系统成员通过云计算能够随时获得超大规模、可靠性高、通用性强的数据，为企业提供安全快速的存储和网络计算服务，以新的模式提供高效率、降低成本。企业在电子商务环境下转型升级，通过商业生态系统实行集约化管理，依托云计算构建平台，利用企业数据资源定位目标群体，凭借计算服务功能细分目标市场，优化企业业务流程，实现价值创造的快速提升，使企业在激烈的竞争环境下抢夺市场，获得持续和稳定的发展。基于云计算的商业生态系统，面对动态、不稳定的内外部环境，能够快速反应调整，适应动态环境，从而促进系统成员的健康成长。

## （三）构建基于大数据的商业生态系统

大数据正影响着商业生态系统，已经成为企业商业模式创新的基本时代背景。在基于大数据的商业生态系统中，核心企业通过互联网聚集资源，加强大数据基础设施建设，通过数据方法对原始数据的挖掘、存储、分析、管理，实现企业精准营销、个性化定制，发挥数据的预测效应。市场在大数据时代，逐渐从隐性的看不见的手，走向商业实践的前台，作为价值创造和实现的载体。大数据时代的到来，要深入认识大数据与商业生态系统的核心规律，通过大数据之间的价值关联形成共同利益的有机体，在商业生态系统中，大数据的价值关联越紧密，释放其经济和社会的效应就越大，大数据战略推动全球产业结构发生重大的调整，是未来经济发展的基础。

## （四）构建基于创新理念的商业生态系统

电子商务环境下，商业生态系统正在借助与客户、供应商、合作伙伴共同搭建的开放式创新项目进行创新实践。一个好的生态系统可以重新定义商业格局，不断开发和应用新的解决方案，建立一套关于交流、合作和创新的治理规则。商业生态系统的持续创新，不仅是商业模式的转型，而且是培育合作共赢的思维模式来推动共同创新。商业生态系统创新的主要途径是指组合现有资源推动新价值创造的创新活动，通过推动新理念价值，引导其他相关经济成员加入，开拓新市场满足新需求，不断重新构建价值网络以实现参与者各方价值，建立一个不断创新的新生态系统。

## 四、结论

随着电子商务的迅速发展，企业的发展将更多地受到外部环境和利益相关者的影响，构建一个可持续发展的商业生态系统逐渐成为企业战略经营的必然选择。企业是整个经济的重要主体，随着全球化经济的到来，企业的边界模糊化，企业和企业之间的联系更加紧密灵活，构建商业生态系统可以使企业利用网络效应实现大规模成长，通过平台打造一个多方共赢的生态环境，提高竞争力，获得更大的利润。在商业生态系统中，企业快速地适应环境，做出及时有效的反应，才能在激烈的竞争市场中占据一席之地。

# 第三节　电子商务类平台型企业生态系统构建

## 【本节论点】

本文构建了平台企业生态系统结构模型，明确各主体在生态系统中的地位以及各主体之间的相关作用，分析了电子商务生态系统的协同性、多样性以及开放性的特征，并指出生态系统是处于相对稳定但不断进化的状态。

电子商务生态系统是指在电子商务活动中，生态主体之间以及主体与环境之间不断进行交流和合作形成统一复杂的系统。电子商务信息生态系统涉及诸多关联主体和环境因素，主体包括商家、终端客户、金融机构、政府等，环境要素如技术环境、法律环境、市场环境等要素，所有的要素共同构成相互联系、相互协作、共同演进的电子商务生态系统。交易主体所面临的环境要素复杂多变，要求生态中的主体不但要注重电子商务系统内部建设和管理策略，更要不断地跟随环境的变动来调整电子商务生态系统的发展方向和战略。

平台企业生态系统与自然界的生态系统有类似之处，在结构、运行、功能等多方面具有一致性。平台生态系统中的不同主体发生相互作用，致使系统不断进行着物质、能量和信息的往复循环，只有经历一系列复杂的相互作用，系统中稀缺的养分在反复的循环中得以填补，多样性、复杂性、开放性得到强化，系统才能不断地演化升级。

# 一、电子商务生态系统的特征

## （一）电子商务系统具有协同性和共生性

电子商务生态系统中的要素并不是简单组合，要素主体之间必须明确自身的生态位，以满足生态系统循环的需求，每个主体面对的外部环境是由其他主体共同组成的，与合作伙伴和对手进行沟通及磨合，是对周边环境的适应和融合，各要素在相互作用中功能互补，使物质流、信息流循环畅通运行，在协同互动中协调共赢推动系统演化，从而获得系统整体功能大于部分之和的效果。电子商务生态系统的共生性使系统更加精确完善，产生经济精巧的结构，具有可靠协调的功能，企业作为一个生命体，生态系统的演变会使企业与产业链条中的相关企业产生共生或寄生的关系。共生由产品的互补性决定，使企业之间的命运休戚相关；寄生则是配套企业依托于核心企业进行资产专用性高的投资，进一步完善核心企业的产品或服务。

## （二）电子商务系统具有多样性和稳定性

对生态系统而言，多样性是指主体多种类及经营活动的多样化创新并存，各主体业务千差万别意味着生态系统种群之间的能量、物质、信息流通和传递的渠道多样化，调节补偿控制机能增强，异化代谢功能健全，生态系统有序性和稳定性保持更高层次，有利于提高生态系统的可持续性。基于平台的有效信息和资源流动在创新种群之间顺畅地流动是生态系统成功的基础，使得系统内的资源与信息得到有效配置和高效利用。

生态系统的多样性导致复杂性，网状结构逐渐密集，系统不会因单个群体的缺失而使得系统崩溃，所以多样性的物种形成了系统的稳定性特征。生态系统是结构和功能相对稳定的系统，能通过自我调节不断地恢复这种稳定和平衡。与此同时，外部物质、能量和信息的改变使系统产生非平衡性，系统中的物种发生变异产生蝴蝶效应，促使生态系统不断地进化和演变。

## （三）电子商务系统具有开放性和延展性

创新生态系统是开放型的耗散结构系统，内部子系统间协同配合，同时系统内外进行大量的人、财、物和信息交换，形成一个有生命力的、越来越发达的耗散型结构经济系统。具体地说就是创新系统要有强大的开放性，外来者进入这个新系统是比较轻松的，同时与社会的金融、中介等社会服务机构的信息、人员交流密切，具有延展性，不断吸引系统外的资本、技术、信息等资源，这一特性是生态系统演变壮大的基础。

电商生态系统不是一个封闭、自我运转的生态。它的可延展性决定了其强大的可嵌入性。随着平台的成熟，线下的成熟的大型企业甚至是高暴利的垄断行业也加入商家的行列中，因为庞大的客户群、便利廉价的交易手段，可以利用平台建立廉价的自助销售渠道。

## 二、电子商务生态系统模型构建

电子商务生态系统的核心主体是电子商务平台提供商，电商平台模式主要有 B2B、C2C、B2C 以及 O2O（线上线下电子商务），各种形式的商家和客户在电子商务生态系统中构成双边市场。平台、商家、客户是电子商务生态系统最基础的构成主体，平台作为交易服务的中心形成包容多边市场的生态圈，发挥着保持系统内的各利益群体长期均衡的作用，商家和客户则通过平台寻找对方供给和需求的契机，进而完成交易。

### （一）激发网络效应扩大生态系统群体规模

无论何种平台模式，平台企业构建的生态系统在发展初期需要引发网络效应，从而确保其持久性。双边市场的群体规模效用相互影响，一边的群体只有达到一定的规模，才能提高另一边群体的体验与黏性，最终双边相互吸引形成良性循环，平台生态圈才能够自行运转和维持。平台企业推进使用者加入来突破存活的临界点，使规模达到网络效应的爆发点。定居于生态系统的使用者带来的加值效应自动吸引新的使用者进驻平台，同时网络效应伴随着规模经济，在双边市场规模爆炸式增长之后，平台企业的边际成本递减从而实现大量盈利，使生态系统的自生能力增强。平台一般对双边市场成员采取补贴的措施，将双边用户引进平台网络中来。

### （二）构建三种机制改善生态系统内部循环

信息资源共享机制，不仅可以实现跨平台之间的客户资源信息共享，如阿里巴巴的多个平台同账号登录，使用户统一管理减少系统的复杂性。而且可以深入到其他社交平台、导购平台中去，开放 API 将平台资源开放出来供第三方使用，顺利实现平台中店铺及商品信息的推广宣传，使电子商务生态系统深度嵌入互联网体系之中。

信用评价机制，依托于多个平台的底层数据完全打通，获取商家或消费者在这个平台上经营或消费信用记录、交易状态、投诉纠纷情况等信息，运用大数据及云计算技术呈现出信用状况，用户在连接服务时不仅成为其他用户进行交易往来的参考，而且信用支付服务直接体现信用所带来的价值，如阿里推出的芝麻信用对用户信用进行评估。

交易调节机制，因为商家和客户对商品及服务的信息不对称，商家对信息处于强势地位，为了维持两者在交易过程中的平衡地位，需要在机制上维护客户的权益，如平台要求商家缴纳保证金以及产品七日无条件退货。随着系统的双边市场壮大，交易纠纷出现多样化，仅依靠平台让买卖双方自我调节不能达到满意的效果，需要平台以第三方公平立场处理交易偏差，公正灵活地实现交易双方的共赢。

### （三）运用第三方支付维护生态系统安全

电子商务所有交易依靠配送物流系统和第三方支付平台完成交易，这是物质交流和资金交流的通道。第三方支付平台是买卖双方在缺乏信用保障或信任的情况下的资金支付"中间平台"。由于买卖双方处于互联网的两端，对于对方的信息无法核查或核查的成本过高，买方将货款付给买卖双方之外的第三方（一般是电商平台所有者），第三方提供安全交易服务，其运作实质是在收、付款人之间设立中间过渡账户，使款项实现可控性停顿，只有双方意见达成一致才能决定资金去向。

第三方担当中介担保及仲裁监督的职能，通过支付托管实现安全支付从而成为互联网用户的资金管家，给予买卖双方进行交易的信心。第三方支付不仅服务于自己的中介平台，还可以直接进驻到其他的交易平台，通过与其他电商平台、社区服务平台等合作实现用户资金周转，实现跨网支付、消费、缴款、还贷等众多用途。

### （四）增添新生业务拓宽生态系统发展渠道

随着政策的宽松，电商领域新兴平台开始出售理财产品甚至尝试金融创新，主要有融资金融服务模式和 P2P 网贷平台。前者是平台的主导公司根据商家的经营数据信用分析和评级，提供融资服务或者是商家的应收账款和凭证作为抵押获得贷款额度；后者为借款人和贷款人提供信息沟通，促成交易的平台，平台本身并不参与，也不提供任何担保。新兴平台具有很强的市场需求性，通过网贷平台搭建起资金需求方和供给方的桥梁，解决小微企业银行借贷难的问题，同时也丰富了民间资本的投资渠道。

### （五）联合外围主体完善生态系统环境

电商生态系统的发展脱离不了外围配套主体的支持和影响。生态系统的维持不仅需要网络运营商的网络支持，还需要终端设备接入服务等大型企业的配套服务。小微企业依靠独特的比较优势填补生态系统的细分市场，为客户提供便捷、细致入微的服务。核心企业对合作伙伴进行评价选择，吸收有利于生态系统的企业，摒弃损害用户利益、目光短视的企业，使生态系统不断更新改进。

政府在生态系统中的引导作用，主要表现为营造创新环境，帮助主体之间沟通问题，处理主体与外部环境的矛盾。除此之外，政府要为技术创新营造良好的制度环境和相互信任的文化环境，制度环境是政策法规、管理体制、市场机制等一系列规章体制，政府作为法规、管理制度的制订者与执行者，通过制度环境的改善，减少小微创新企业创立与发展的成本和阻碍，维持生态系统的创新活力和高效。

金融机构在生态系统中的催化作用，是大量中小创新型企业孕育、诞生和发展的前提条件。投融资支持体系为这些企业提供有效的融资渠道，保证其在不同的发展时期都能获得充足的资本，平台企业及入驻的小微企业未进入高速发展阶段时，它们急需风险投资者和天使基金的资助，从而确保生态圈能够平稳扩大规模，用户所需的价值才可以得到及时的满足。根据我国的发展经验，应建立起一个以企业投入为主体、政府资金为引导、金融机构为辅助、社会资本和风险投资为方向的多元化投融资体系。

# 第四节　企业电子商务生态系统构建与平衡

## 【本节论点】

互联网经济的快速发展促进了电子商务集群化发展。生产企业、供应商、消费者、物流公司、提供金融服务的相关机构和支付机构，提供资格保障的相关认证单位以及其他相关的各类服务型、平台型等一系列企业与组织的相互作用、相互影响，在一系列大环境下形成了一个完整的电子商务生态系统。本文通过剖析电子商务生态系统的概念，研究其组成与构建原则，并进一步探究如何实现系统内部及整体的平衡管理。

## 一、电子商务生态系统的内涵

商业生态系统的提出最早可以追溯到 1993 年 Moore 的《捕食者和猎物：一个新的竞争生态》一文，他首次提出了商业生态系统的概念，将生态学与企业战略相结合。商业生态系统被描述为一个经济联合体，这个经济联合体内部的组织与个人相互作用、相互依存，形成一个共生共赢的生态系统。

将商业生态系统理论的思想运用到电子商务领域，可以很好地解释电子商务领域出现的集群现象。在互联网经济的大环境下，一系列相互影响并相互依存的企业和组织机构，利用互联网作为竞争和沟通平台，通过虚拟联盟形成优势互补的协作并进行资源共享，结成了一个有机的生态系统，即电子商务生态系统。这是一种与以往传统的经营理念完全不同的新观点，其根本目标是各主体之间的平衡与共同可持续发展。在这种观点的指导下，企业的经营管理者不可简单地将目光停留在自身资源与条件之上，而应该将自己置身于一个动态变化的生态环境之中，根据变化适时调整管理策略。

## 二、电子商务生态系统构建

### （一）电子商务生态系统的构建原则

#### 1. 系统性原则

自然生态系统中，物质之间存在着很强的复杂性和非线性，因此生态系统的平衡是一项系统性的协调工作。电子商务的生态系统构建同样是一项系统性的工作，应该保证系统内部各个子系统之间、子系统与外部环境之间保持着相互协调、相互联系的关系，从整个系统的平衡出发，保证系统信息流、物质流的畅通。

### 2．开放性原则

电子商务生态系统内的各个主体都不是封闭的，必须不断与外界进行物质与能量交换。同时，电子商务生态系统的本身也是开放的，系统由电子商务的生产者、传递者与分解者构成，这样的结构也并非一成不变的，外部环境的变化会带来系统层级的相应变化。在这种动态变化中，各主体需要从自身需求出发选择合作伙伴，进行商品交换，这种持续的交换过程带动了电子商务生态系统的整体优化。

### 3．互动性原则

电子商务的各个主体在生态系统里都不是孤立地进行进化的，电子商务生态系统的信息、资源流动会随着外部环境的变化而变化，而电子商务生态系统内的各个主体自身的进化，也是带来整个系统进化的决定性力量。因此在构建电子商务生态系统的过程中，有必要着重研究不同构成因子之间的互动关系，而不可孤立分析。

## （二）电子商务生态系统的结构

### 1．领导种群——生态系统中的核心企业

核心电子商务企业领导着整个电子商务生态系统内的资源配置，在生态系统中发挥着整合与协调资源配置的角色，为系统中的其他主体提供交换平台与监管服务。核心企业在系统中处于中枢地位，拥有共享资源、创造价值的能力。在电子商务生态系统的视角下，企业之间的竞争实际上是其所处的商务生态系统之间的竞争。

### 2．关键种群——电子商务生态系统中的"网商"群体

电子商务生态系统的关键种群即电子商务交易主体，网商的概念指的是通过互联网运用电子商务工具进行商业活动的个人或企业，包括供应商、客户、投资商、渠道商、消费者。

在电子商务迅速发展，竞争日益激烈的大环境下，原本相对孤立的网商开始结为联盟，他们通过树立共同的愿景，相互信任，制定共同的规则进行高效协作，共担风险，共享利润。同时在电子商务生态系统的视角下，将消费者纳入了关键种群的利益内，单一企业的力量已经无法更好满足不断提高的消费者的要求，电子商务生态系统体现出了其系统整合力量，通过系统成员高度整合形成的系统价值来满足不同消费者的需求。同时消费者也是系统共同进化的一部分，成为系统成员的消费者在为系统创造价值的同时，也得到了更多的自身需要的动态变化发展的价值。

### 3．支持种群——网络交易必须依附的组织

电子商务生态系统中交易的实现必须依靠一系列支持性的组织的支撑，这类组织主要包括金融机构、物流公司、电信供应商以及相关的政府机构及准政府组织。这些种群并不完全依赖与电子商务生态系统而生，但他们通过对电子商务生态系统的优化而获得超额收益。同

时，这些组织又会被系统中的各个主体影响，其原本的组织运作模式会发生相应的改变。

在众多支持种群中，政府在电子商务生态系统扮演的角色是不可或缺的。政府制定的法律法规规范与引导电子商务中的方方面面，建立公平有序的商业环境。同时，在一些投资大、回收期长的网络基础设施的建设过程中发挥着重要的作用。

### 4. 电子商务生态系统环境

在生态学视角下，进化论认为物种之所以在进化过程中存活下来，并不是因为它更强大或机智，而是因为它更加适应变化的环境。因此，电子商务中的各个主体可持续地生存下来必须依赖于健康有序的外部环境，这种环境包含了系统环境的方方面面，如社会文化环境、经济制度环境、法律环境、基础设施建设与技术发展环境等。

## 三、电子商务生态系统平衡管理

### （一）完善系统内部个体的平衡管理

为了支持电子商务系统内部的平衡有效发展，可以通过建立企业电子商务系统，将企业的采购、销售、物流、财务整合到一个平台中，使得管理人员可以从宏观层面来观测企业的运营状态，同时又可以把握企业各个细节，并且可以运用大数据对企业进行预测分析，增加决策效率，企业对市场的反应速度增快，则可以提升自身的竞争能力。

部门之间的协同效应本质上是一个企业的组织管理问题，在协同管理的过程中应该通过部门协同的信息化、规范化来实现，开发协同商务软件、协同决策方法与管理技术。除此以外，必须建立与之相对应的绩效评价机制与组织协同体系，在电子商务的环境下，部门之间平衡管理的目的是提高企业创造价值的能力与利益相关者需求响应能力。

### （二）协调系统内部主体之间的平衡管理

主体之间的平衡管理包含了三个方面：第一，生态系统中同类主体之间的平衡，同类主体之间存在着竞争关系，但通过具体的细分，可以形成竞争合作的局面，通过互补与战略集群的效应，充分实现信息流通的充分性与经济效益的规模化。第二，生态系统中关键群体之间基于供应链的协同管理，要求各个节点企业之间形成一个联合体，利用这种可以协作的互助网络实现信息共享，提高整个供应链各个环节的柔性，实现供应链价值的最大化。第三，生态系统中关键种群与支持种群之间的协同管理，关键种群与支持种群之间是相互依存的，电子商务运营所需的大量支持性服务，这些服务大多需要各类支持性企业的协作，与支持性企业的合作效率也将直接影响电子商务的运营效果。

### （三）外部环境与主体之间的平衡管理

电子商务生态系统对电子商务生态主体的影响具有两面性，既可能为系统内各个主体的可持续发展提供支撑，又可能制约系统的发展与进步。同时，电子商务生态环境也是持续变化着的，电子商务主体必须要适应环境变化，适时去调整自身资源配置，采取有效措施完善电子商务发展的外部环境，以促进自身可持续发展。在主体与外部环境的平衡管理中，应该注重为电子商务生态系统创造更加适宜的发展环境。主要包括以下方面：制定电子商务法律法规，为电子商务生态系统提供严谨有序的生态环境。对电子商务信息技术进行革命性的创新，在满足需求的同时，更应创造需求。以生产厂商为中心，融合企业上下游产业，形成面向消费者的高效一体化供应链。建立与完善电子商务安全与信用体系，为电子商务可持续发展提供基础的安全保障。

# 四、我国电子商务生态系统存在的问题及构建路径

## （一）我国电子商务生态系统存在的问题

随着互联网在我国的迅速普及，电子商务的用户群体急速膨胀，电子商务市场发展迅速，但我国的电子商务在整体上仍然处在较低的发展水平，用户集中于知识水平较高的群体，用户发展不均衡。从硬件设施的角度来看，我国的基础设施建设水平也制约了我国电子商务发展的速度与水平。信息网络基础设施水平的区域差异仍然较大。从社会信用发展的角度，在电子商务模式下，有许多的问题都不可回避，诸如知识产权的保护、远程征税、网络公共安全、交易诚信机制的监督与管理等。

## （二）我国电子商务生态系统构建与平衡的发展路径

充分发挥核心电子商务企业的平台作用。核心电子商务企业在电子商务生态系统中发挥着领导资源配置的核心能力，为其他主体的发展提供了平台。我国有着众多中小型企业，他们充满活力与创造力，但是由于规模的限制，缺乏自主开拓电子商务平台的能力与公信力。而依托第三方电子商务平台，发挥中小企业的网络集聚效应将可以有效缓解这一问题，这将会成为中小型企业实现电子商务发展的良方。但第三方电子商务服务平台的建设会面临着大量硬件、软件和政策的制约，相关的政府部门应该对其进行扶持，提供相应的政策优惠，以引导我国大量的中小企业在电子商务领域的发展。

注重传统商务与电子商务之间的协调与促进。由于资源的稀缺性，传统商务与电子商务之间必然存在着竞争关系。然而电子商务完全取代传统商务并非企业发展电子商务的初衷。电子商务作为一种更加高效的商务模式和经营手段有着自己不可替代的优越性，但是企业仍然需要清楚地认识到，它在很多的领域都无法完全替代传统商务而存在。基于此，电子商务与传统商务之间应该相互利用彼此的特点与优势，而非排他性竞争，通过生态位的分化，实现演化过程中的协同效应，达到共生与共同进步的目的。

转变政府角色并构建公平有序的支持环境。我国电子商务的发展需要一个公平的、有序的、稳健的发展环境。在这种秩序的构建过程中，政府的作用非常重要，政府应该从经济成果的分配者转变为规则的制定者、监督者。恶性竞争、信用危机、税收流失等问题必然会影响电子商务企业的可持续发展，甚至危及整个金融、经济社会的安全。在这方面，政府必须

走在前面，加强整个社会的信用体系建设，加快电子商务的立法工作，规范电子商务市场秩序，为我国电子商务稳定发展提供有力支持。

## 五、结论

在电子商务高速发展的今天，企业已经不再简单的是一个单独的个体，买卖双方以外的很多行业与机构为了满足网络客户的需求而逐渐开始集聚，物流、金融、软件以及一些政府及准政府机构通过互联网进行资源整合，形成了互联网时代的新型产业环境。电子商务生态系统理论很好地解释了这种资源集聚与整合的现象。本文从电子商务生态系统的系统性、互动性、开放性特征出发，提出了在电子商务生态系统中对领导种群、关键种群、支持种群以及电子商务生态系统环境的构建策略。笔者认为只有通过信息化、规范化的平衡分析案例实现该生态系统内种群内部、不同种群之间以及种群与外部环境之间的平衡协同管理，才能够实现整个电子商务生态系统的协调可持续发展。最后，针对我国电子商务发展过程中所面临的问题，笔者认为在我国的特殊环境下，政府在电子商务生态系统的构建中发挥着更加关键的作用。

# 第五节　电子商务生态系统的健康评价

## 【本节论点】

本节明确了电子商务生态系统及其健康的定义，解释了健康的电子商务生态系统所遵循的五个生态学原理，提出包括活力、组织结构和恢复力在内的八个电子商务生态系统健康的评价指标，具体给出了多样性指数的计算方法，并以 B2B 电子商务生态系统为例，对其系统健康进行了评价分析。

随着经济的不断发展，电子商务不再只是买卖双方之间交易的简单电子化，而是向电子商务生态系统进化。具体表现在以互联网企业为核心，集聚大量客户和其他服务机构，通过互联网平台相互连接、促进和拉动，进行更广泛的资源利用及整合，形成庞大的新产业环境。

目前，已经有学者对电子商务生态系统进行了相关研究，将其与传统商业生态系统对比，归纳出演化阶段，并对其结构进行了探讨，但是关于电子商务生态系统健康及其评价方面的研究还处于空白阶段。结合生态系统健康和商业生态健康的理论，本文提出了电子商务生态系统健康的概念，对系统健康评价的指标和计算方法进行阐述，然后以 B2B 电子商务生态系统为例，对其系统健康进行了评价分析。

# 一、电子商务生态系统及其健康

## （一）电子商务生态系统及其组成

1935 年坦斯利（A.G.Tansley）提出"生态系统"一词，认为生命是有机体与环境进行物质、能量和信息交换的过程。1993 年，Moore 首次提出了"商业生态系统"的概念。商业生态系统是指以组织和个人的相互作用为基础的经济联合体，该经济联合体囊括大量的参与者，并且每个参与者必须依靠其他参与者才能实现自己的生存。

电子商务是商业生态系统中的一种特殊形式。电子商务生态系统是由一系列关系密切的企业和组织机构，超越地理位置的界限，将互联网作为竞争和沟通平台，通过虚拟、联盟等形式进行优势互补和资源共享，组成的一个有机的生态系统。

电子商务生态系统由其中的各"物种"成员组成，它们各司其职，在这个系统中不断进行着物流、资金流和信息流的交换，促进整个生态系统的平稳发展。"物种"成员按其定位可以分为以下几类：

①领导种群，即核心电子商务企业。

②关键种群，即电子商务交易主体。

③支持种群，即网络交易必须依附的组织。

④寄生种群，即为网络交易提供增值服务的提供商，包括网络营销企业、技术外包商、电子商务咨询企业等。

## （二）电子商务生态系统健康

生态系统健康是一门研究人类活动、社会经济组织、自然系统和人类健康的综合性学科。如果生态系统是稳定、持续和活跃的，能够维持自身的组织结构，当受到干扰后能够在一段时间内自动恢复过来的话，则称这个生态系统是健康的。生态系统健康的基本原理有动态性原理、层级性原理、相关性原理和脆弱累积性原理。

根据生态系统健康的相关概念，可以归纳出电子商务生态系统健康是指电子商务生态系统能够保持活力，维持结构和功能的完整性，可以缓冲外界环境的冲击并进行自我恢复和自我更新，并能够为人类的生存和发展提供持续良好的生态系统服务。一个健康的电子商务生态系统应遵循以下五个生态学原理：

①动态性原理。电子商务生态系统总是随着时间而变化，并与周围环境及生态过程相联系。在自然条件下，它总是自动向电子商务组织多样性、结构复杂化和功能完善化的方向演化，只要有足够的时间和条件，系统迟早会进入成熟的稳定阶段。

②层级性原理。电子商务生态系统内部各个亚系统都是开放的，许多生态过程并不都是同等的，有高低层次之分，也有包含型与非包含型之别。例如，在 B2B 电子商务生态系统中包含有阿里巴巴等电子商务生态系统。可以把 B2B 这种包含若干个亚系统在内的电子商务生态系统定义为高层次的电子商务生态系统，最高层次的电子商务生态系统是全球电子商务生

态系统，类似于地球生态系统中的生物圈。阿里巴巴这种以一个核心电子商务企业为主的电子商务生态系统可以定义为低层次的电子商务生态系统。

③创造性原理。系统的自我调节过程以核心电子商务企业为核心，具有创造性。创造性的源泉是系统的多种功能流。

④相关性原理。在一个电子商务生态系统中所有的生态学过程都是相互联系的，对生态学过程的某一个方面产生影响的重大干扰将影响整个系统。

⑤脆弱累积性原理。由于内部组织结构具有一定的抵抗力稳定性，处于自动调节平衡状态过程中的电子商务生态系统对外界胁迫而引起的干扰有缓冲，直到达到临界值后，这一系统才会崩溃。

## 二、电子商务生态系统的健康评价

根据动态性原理，电子商务生态系统会逐渐趋于复杂和完善。但是面对复杂的外界环境和自身组织结构的变化，电子商务生态系统依旧面临巨大的压力。

生态系统健康的研究是生态系统压力下的产物，电子商务生态系统的健康和稳定是企业赖以生存和发展的必要条件，一个用来评价系统健康状况的分析框架有助于企业作出正确的决策。

目前，生态系统健康评价方法可分为指示物种法和指标体系法。指示物种法主要根据生态系统中指示物种的多样性和丰富度确定电子商务多样性指数或完整性指数；指标体系法根据生态系统的特征及其服务功能建立指标体系，采用数学方法确定其健康状况。

### （一）电子商务生态系统的健康评价标准

从生态有效运作的角度看，在产品或提供服务中的每一关键业务域都必须健康，整个电子商务生态系统才是健康的。如果一个生态系统没有足够的生产力和活力，满足不了人类需求，那么这个生态系统是不健康的；如果一个生态系统能够产生或提供新鲜事物，当环境发生破坏性改变时，整个生态系统将因此崩溃或消失，这样的生态系统也是不健康的。因此，借助生态系统健康评价理论，可以从以下八个方面对电子商务生态系统健康进行评价。

①活力。活力即企业的生产能力，指将原材料转变为有生命的有机体的有效程度，不同的电子商务生态系统将技术转化为新产品的速度、投资利用率、绩效表现等方面都是不同的，这些都体现了系统活力的不同。

②组织结构。组织结构指电子商务生态系统结构的复杂性和多样性。根据动态性原理，电子商务生态系统总是自动向电子商务多样性、结构复杂化和功能完善化方向演化。

③恢复力。恢复力指电子商务生态系统在外界压力消失的情况下逐步恢复的能力。电子商务生态系统健康的恢复包括生产力和生产结构（物种组成）的恢复。

④电子商务生态系统服务的维持。维持系统令社会受益的服务功能，一个健康的电子商务生态系统应充分提供相应生态系统服务。

⑤创新性。创新性指健康的电子商务生态系统可以发掘和支持许多潜在的服务功能。服

务体制的创新、生产技术的创新可以提高生产力和人类满意度，退化的电子商务生态系统不具有这些功能。

⑥减少投入。健康的电子商务生态系统不需要大量的投入来维持其生产力。一个健康的电子商务生态系统应具有尽量减少单位产出的投入量却不增加人类健康风险的特征。

⑦对邻近系统的影响。健康的电子商务生态系统在运行过程中对邻近的系统不会产生破坏。

⑧对人类健康的影响。电子商务生态系统的改变能够影响人类健康，人类健康本身就是测量电子商务生态系统健康的指标，健康的电子商务生态系统应有能力维持人类健康。

由于电子商务生态系的开放性和复杂性，其健康状况的八个方面很难简单概括为统一的指标，而且指标的测定本身就是很复杂、成本很高的工作，因而电子商务生态系统的健康评价主要集中于系统的活力、组织结构和恢复力三方面。

在生态系统健康评价方法内的指示物种法中，电子商务多样性指数可在一定程度上综合反映系统的活力、组织结构和恢复力三个指标。当电子商务多样性指数较大时，代表有较多的"物种"成员参与到电子商务生态系统中，可以促进生产力的发展，提高系统活力；同时，较多的物种也有利于实现组织结构的多样性和复杂性；在恢复力方面，电子商务多样性高，整个系统不至于在一次危机下全军覆没，能尽快从外界环境胁迫中恢复过来，系统也就具有较高的恢复力。所以，电子商务多样性指数可以作为评价电子商务生态系统健康的方法。

除了电子商务多样性指数，生物完整性指数也可以对电子商务生态系统进行健康评价。

### （二）电子商务多样性指数健康评价

电子商务多样性指一个电子商务生态系统中拥有的电子商务企业的复杂程度和均匀程度。在一个电子商务生态系统中拥有很多不同性质的电子商务企业，企业种类越多，分布越均匀，表示在这个生态系统中，竞争更为激烈，也就更利于实现"优胜劣汰，适者生存"，维护和促进系统的健康和稳定。

要计算电子商务多样性指数，首先要确定指示物种，利用指示物种的多样性来衡量整个系统的多样性。核心电子商务企业的组成结构、发展趋势、生产能力直接影响到其他种群的投入产出，并能够反映整个电子商务生态系统的发展状况。因此，在高层次电子商务生态系统中可以用领导种群作为指示物种，具体表现为各领导种群在整个市场中的复杂程度和分布的均匀程度。在低层次电子商务生态系统中，往往只有一个核心电子商务企业，这时，关键种群的电子商务多样性便是区别两个系统的重要标准。具体表现为各供应商、生产者、零售商和消费者在系统中的复杂程度和分布的均匀程度。

以高层次电子商务生态系统为例，领导种群的复杂度用核心电子商务企业的种类表示，分布的均匀程度用核心电子商务企业所占市场份额来表示，借用 Shannon-Weiner 指数来计算电子商务生态系统的电子商务多样性指数，公式为：

$$H = - \sum P_i \cdot (\log_2 P_i)$$

其中，$H$=电子商务多样性指数；$P_i$=第 $i$ 个核心电子商务企业的市场份额。

由于在一个电子商务生态系统中可能存在很多核心电子商务企业，统计所有市场份额数据很难实现，可选取几个市场份额较大的电子商务企业对电子商务多样性指数进行衡量，因此，上面公式可以变形为：

$$H = \frac{-\sum P_i g (\log_2 P_i)}{\sum P_i}$$

其中，$H$、$P_i$ 的意义同上，$\sum P_i$ 表示几个主要电子商务企业所占的市场份额总额。

为了便于对电子商务生态系统的健康进行评价，按照电子商务多样性的计算结果，可将电子商务生态系统的健康大致分为以下五个等级，见表 1-1。

表 1-1　电子商务多样性指数及健康等级

| 电子商务多样性指数 | 健康等级 | 电子商务多样性指数 | 健康等级 |
| --- | --- | --- | --- |
| 0～1 | 病态 | 2.3～3.3 | 健康 |
| 1～1.6 | 不健康 | 3.3 以上 | 很健康 |
| 1.6～2.3 | 警戒状态 | | |

各指标的确定采用了极限的思想。电子商务多样性指数描述的是系统的电子商务企业的复杂性和均匀度，当每个电子商务企业都有相同份额，即分布均匀时，各健康等级的分界线分别为存在 2 个、3 个、5 个、10 个主要电子商务服务厂商时的电子商务多样性指数。例如，当存在两个市场份额均匀分布的电子企业时，其电子商务多样性指数为 H=1，所以，将病态与不健康的临界值定位 1。同理，也可以计算出其他电子企业健康等级的临界值。

## （三）电子商务完整性指数（index of e-commerce integrity）评价法

卡尔（Karr）在 1981 年首次提出了生物完整性的定义，他认为生物完整性是指支持和维护一个与地区性自然生境相对等的生物集合群的物种组成、多样性和功能等的稳定能力，是生物适应外界环境的长期进化的结果。

电子商务完整性指数（IEI）就是用多个电子商务生态系统参数综合反应系统的状况，从而评价系统的健康。由于每个参数都对一类或几类干扰反应敏感，但各参数反映生态系统受干扰后的敏感程度及范围不同，单独一个参数并不能准确和完全地反映生态系统健康状况和受干扰的强度，所以上述 8 个指标在完整性指数的评价中是相辅相成、互相补充的。

建立完整性指数首先要确立知识物种，确立方法同电子商务多样性指数。对完整性指数的建立过程一般包括五个步骤：

①样点数据资料收集。应用定量或半定量采样法采集领导种群样本。

②提出候选生物参数。可对上述 8 个电子商务生态系统健康评价指标分别提出对应参数，如市场营收、市场份额、互联网安全性等。对一些不好测量的指标，如对人类健康的影响，可用小、中等、大来定性衡量，也可以全部定性分析，如表 1-2 所示。

表 1-2　电子商务生态系统健康评价指标

| 序号 | 指标 | 评分标准 | | |
|---|---|---|---|---|
| | | 6 | 3 | 0 |
| 1 | 活力 | 大 | 中 | 小 |
| 2 | 组织结构 | 多样 | 普通结构 | 简单 |
| 3 | 恢复力 | 强 | 中 | 弱 |
| 4 | 电子商务生态系统服务的维持 | 优 | 良 | 差 |
| 5 | 创新性 | 大 | 中 | 小 |
| 6 | 减少投入 | 强 | 中 | 弱 |
| 7 | 对邻近系统的影响 | 小 | 中 | 大 |
| 8 | 对人类健康的影响 | 可以维持 | 无影响 | 不能维持 |

③参数筛选。通过对数值的分布范围、判别能力和相关关系分析，找出相关性较强的参数，保证每一个参数可以敏感地反映各种生态过程的变化。

④评价量纲的统一。通常采用计分法来统一，如常用的三分制法：根据各参数值在参照样点的频数分布，对三个四分位点划分出来的区间分别赋分 0、3、6。

⑤IBI 值的验证与修订。IBI 值为各构成指数分值的累加值。通过分析 IBI 值的高低就可以了解电子商务生态系统健康的大体状况，分析引起生态系统健康变化的主导因素。

完整性指数采用知识物种法，从各个指标对电子商务生态系统健康都做了评价，虽更为全面，但采集数据需要耗费大量的人力和财力，不易施行。

## 三、实例分析

本文采用 B2B 电子商务生态系统作为研究对象，对其 2011 年上半年和 2002 年上半年的主要电子服务企业市场份额进行调查，如表 1-3 所示，采用电子商务多样性指数法对系统健康进行评价。

表 1-3　电子商务企业市场份额

| 年份 | 2011 年上半年 | | 2012 年上半年 | |
|---|---|---|---|---|
| 市场份额（$P_i$） | 阿里巴巴 52.8% | 环球市场 2.1% | 阿里巴巴 41.50% | 环球市场 1.7% |
| | 环球资源 9.2% | 我的钢铁网 1.7% | 环球资源 10.30% | 网盛生意宝 1.3% |
| | 慧聪网 5.3% | 金银岛 1.5% | 我的钢铁网 4.4% | 敦煌网 0.9% |
| | 中国制造商 3.8% | 敦煌网 1.2% | 慧聪网 3.8% | 其他 32.9% |
| | 网盛生意宝 2.4% | 其他 20% | 中国制造商 3.2% | |

将表中的各主要电子商务企业市场份额带入电子商务多样性指数公式（2），计算 2011 上半年和 2012 上半年 B2B 电子商务生态系统的电子商务多样性指数。

$$H_{2011上} = \frac{-\sum P_i g(\log_2 P_i)}{\sum P_i} \approx 2.151$$

$$H_{2012上} = \frac{-\sum P_i g(\log_2 P_i)}{\sum P_i} \approx 2.449$$

从结果中可以得出以下结论：

①2011年上半年电子商务生态系统处于警戒状态，但与健康状态相邻很近，主要是由阿里巴巴占有一半以上的市场份额造成的；2012年上半年电子商务生态系统已经属于健康状态，这时阿里巴巴一家独大的现象比2011年上半年有所下降，而且其他电子商务企业所占市场份额明显提高，这表明更多的电子商务企业参与到领导种群的市场竞争中，种群分布较2011年上半年趋于平衡，有利于整个电子商务生态系统的发展。

②2012年上半年的电子商务多样性指数大于 2011年上半年的电子商务多样性指数，说明2012年上半年的电子商务生态系统比2011年上半年健康。

对低层次的电子商务生态系统的电子商务多样性计算也是按照相同的步骤，不同之处在于要调查供应商、生产者、零售商和消费者的种类以及每一种个体所占的市场份额。

## 四、模型评价与总结

由于电子商务多样性指数和完整性指数的计算中涉及指示物种，虽然简化了信息收集的过程，但由于电子商务生态系统非常复杂，仅依靠某一类敏感物种表示系统变化不可能展现出清晰的因果关系。根据领导种群的数据计算得出的健康生态系统，只是表明适宜核心电子商务企业发展和竞争的生态环境，至于其他种群并没有对数据进行直接贡献，只是间接影响到领导种群的市场份额。但是获取到所有数据又很难实现，所以对电子商务多样性指数和完整性模型还需进一步完善。

在未来的研究中，需要进一步分析影响健康电子商务生态系统健康的具体因素并加以研究，总结出影响电子商务生态系统健康的具体指标，完善健康电子商务生态系统模型，以便切实为企业服务，为建立健康电子商务生态系统提供知识基础和理论支持。

# 第六节　电子商务生态系统的协同创新模式

【本节论点】

电子商务生态系统在整个电子商务行业发展过程中起到了积极推动的作用。由于生态系统自身在发展过程中出现的种种协调问题，极大地影响了系统的有序良性发展，构建电子商务生态系统的协同创新模式对其本身也是有积极影响的。

## 一、电子商务行业的发展现状

电子商务自 20 世纪 90 年代进入我国后，得到了飞速发展。中国电子商务研究中心的数据显示，2015 年中国网络购物人数达到 4.6 亿人，比上一年增长 21%。2015 年网络购物交易规模达 3.83 万亿元，比上一年增长 35.7%。2015 年网络零售市场交易规模占社会消费品零售总额的 12.7%，比上一年的 10.6%增长了 2.1%。未来电子商务行业无疑将成为国民经济重要的支柱性行业。

电子商务行业自兴起，不仅仅改变了人们的生活方式、带来了便利，也出现了一系列的问题。由此体现出电子商务行业内不能有效协调供应商、服务商以及消费者等各参与方有关利益、技术、关系、战略等方面的问题，从而难以整合、不能最大化地利用自身拥有的资源、信息等。这一系列的问题不及时有效地解决，会极为不利于电子商务行业的有序成长。

从中国电子商务研究中心近几年发布的《中国电子商务用户体验与投诉监测报告》中可以总结出，2013 年至 2015 年电商投诉与维权公共服务平台接到网络消费用户投诉的数量是以每年 3%～4%的速度增长，其中售后服务、网络售假、发货迟缓、退换货难、退款难、虚假发货、货不对板等成为热点投诉问题。这些投诉热点问题不得到根本性的有效的应对，将极大地限制电子商务的良性发展。

表 1-4　2012 年－2015 年度电商投诉数量表

| 年份 | 投诉数量 | 增长率 |
| --- | --- | --- |
| 2012 | 93 600 | — |
| 2013 | 97 350 | 4% |
| 2014 | 100 582 | 3.32% |
| 2015 | 103 871 | 3.27% |

注：根据 2012 年－2015 年度中国电子商务用户体验与投诉监测报告整理而来。

电子商务在人们的生活中日益重要。确保电子商务行业呈现良性有序的发展，就要重点解决电子商务行业内各参与者之间存在的协调问题。

## 二、电子商务生态系统

电子商务不是简单地将买方和卖方之间的交易从实体化变为电子化，而是转变为各行各业的企业以及组织机构，如物流、银行、电信、软件等围绕着核心企业，以交易主体——网络客户的需求为中心进行聚集。通过互联网这个新的产业环境，进行资源配置和资源整合，整个行业呈现出明显的生态化迹象。电子商务生态系统是商业生态系统理论应用到电子商务领域的结果。

商业生态系统是将生态学观点应用于企业竞争战略后的新生概念，它是由各种类别的物种主体（即企业或组织）构成，这些物种在生态系统中担任不同的角色和职责。与商业生态系统类似，电子商务生态系统中各"物种"成员按其功能可划分为三类：领导种群、关键种群和支持种群。

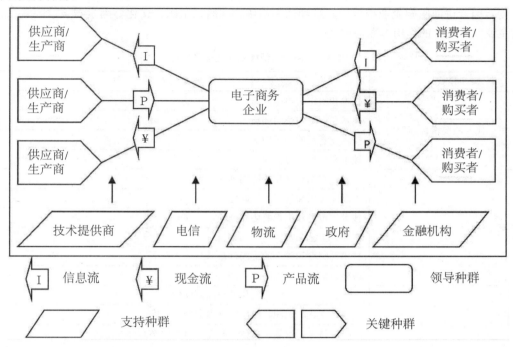

图 1-1　电子商务生态系统结构图

在电子商务生态系统中，"物种"们各尽其责，交错形成完整的价值传递网络。在这个网络内能量、物质和信息循环流动，组成一个多元素、多层次的生态系统。

表 1-5　电子商务生态系统的组成结构

| 角色 | 功能 |
| --- | --- |
| 领导种群 | 整个生态系统的领导者，通过提供平台以及监管服务，提供资源整合和协调服务 |
| 关键种群 | 电子商务交易主体，包括消费者、零售商、生产商、供应商等，是电子商务生态系统中的其他物种共同服务的"客户" |
| 支持种群 | 网络交易必须依附的组织，包括物流公司、金融机构、电信服务商以及相关政府机构等 |

# 三、电子商务生态系统协同创新模式

根据协同创新模式的组成要素划分，协同创新模式可以分为三代：第一代的两要素协同创新模式；第二代的三要素协同创新模式和第三代多要素协同创新模式（如表 1-6 所示）。从这三代模式的演变过程中，可以得知影响协同创新的要素有很多，其中主要包括技术、市场、组织、战略、管理、文化、制度等因素。在此演变过程中，协同创新的理念发生了巨大的变革，从开始单纯地把技术创新作为协同创新的主要影响因素，其他因素都是通过影响技术创新因素进而影响企业绩效，发展到认为市场、战略、组织、文化等因素与技术因素在影响企业创新绩效的作用方面地位相当。

表 1-6　协同创新模式演变发展过程

| 模式 | 要素构成 |
| --- | --- |
| 第一代：两要素协同创新 | 技术和组织的协同创新 |
| | 技术和市场的协同创新 |
| | 技术和营销的协同创新 |
| | 技术和战略的协同创新 |
| 第二代：三要素协同创新 | 技术、组织和文化的协同创新 |
| | 市场、技术和管理的协同创新 |
| | 技术、市场和组织的协同创新 |
| | 产品、工艺和市场的协同创新 |
| | 技术、制度和管理的协同创新 |
| | 战略、知识和组织的协同创新 |
| 第三代：多要素协同创新 | 产品、工艺、组织、文化的全面协同创新 |
| | 战略、文化、组织、制度、技术的全面协同创新 |
| | 战略、技术、市场、文化、制度、组织的全面协同创新 |
| | 市场、技术、战略、入力、组织、信息的全面协同创新 |
| | 技术、战略、市场、管理、组织、文化、制度的全面协同创新 |
| | 市场、技术、产品、工艺、战略、组织、资源、文化的全面协同创新 |

电子商务行业与其他行业相比，有其独特性，电子商务生态系统是传统商业与互联网技术融合的新兴产物。在电子商务生态系统中，由于互联网具有特殊的网络效应，使得领导种群（电子商务企业）对目标客户（关键种群）的价值会随着目标客户（关键种群）数量的增加而呈指数型增长。与此同时，目标客户（关键种群）数量越大又更容易吸引更多的潜在目标客户（关键种群）。这种"正网络效应"带来的结果就是目标客户（关键种群也习惯其提供的产品或是服务，从而强者俞强，弱者逐渐被吞并或是消失。电子商务生态系统要达到各"物种"成员的密切合作、共同创新，以实现"1+1>2"的协同效应，就必须树立领导种群的绝对领导地位。

然而，在电子商务生态系统中，不仅有领导种群，还拥有数量庞大的关键种群，他们是生态系统中的主体物种。关键种群之间发生直接的交易买卖行为，是电子商务生态系统中实现价值交换、转移、升级的途径。关键种群隶属于不同的经济实体独立运转，因此他们都将以各自利益最大化来进行决策。各关键种群有着不同的追求目标，不仅彼此之间极容易产生冲突，而且直接影响整个生态系统的总体利益。如何在领导种群的领导下处理协调好关键种群之间的冲突和矛盾已经成为局限电子商务生态系统进一步发展的主要原因。

一个健康、有竞争力的电子商务生态系统，除了有领导种群所提供的电子商务交易平台和数量巨大的关键种群外，还应该具备完善的支持种群。他们所能提供的服务是让整个电子商务生态系统能够正常流动和循环。

在第三代多要素协同创新模式里，电子商务生态系统中不同种类的"物种"成员聚集在一起，通过协作、资源共享等方式构建生态系统，在技术、组织、市场、战略、文化等方面为实现自身的运行、发展以协作的方式进行创新。领导种群提供平台以及监管服务，为系统成员提供共享资源，找到有效的方法去创造价值，并与其他成员分享价值。电子商务企业在壮大自身的同时也培育了新市场，可以容纳更多的关键物种和支持种群进入，在此起到了市场协同的作用。关键种群成员内部之间同时存在着竞争和协同两种关系，生态系统内部各成员因为竞争而走向合作，使竞争和合作中的一种趋势优势化，最终形成一种总的趋势，从无序走向有序，实现整个生态系统良性循环的形成。

## 四、结论

协同创新能力对电子商务生态系统的有序运行和健康发展起到重要的作用。首先，电子商务生态系统的各个群体在面对复杂而又多变的内外部环境时，需要迅速及时对各种变化做出调整，保障自己不受影响。电子商务生态系统的协同创新能力是能有效决定其应对环境变化的适应性，进而影响系统的有序运行。其次，电子商务生态系统内部复杂多变，各关键种群之间存在着信用/信任问题、利益争夺问题、信息不对称问题、协作问题等一系列问题。一个有序、良性的电子商务生态系统内部的有机配合在一定程度上保证了电子商务企业生态系统运行的有效性。

# 第七节　基于商业生态视角的电子商务服务平台竞争力评价

## 【本节论点】

以商业生态系统理论为基础延伸电子商务服务平台竞争力的内涵，构建面向商业生态的电子商务服务平台竞争力评价指标体系，运用群组 AHP 分析法确定各指标的权重系数，采用模糊综合评价方法构建电子商务服务平台竞争力综合评价模型。

## 一、引言

电子商务服务平台是在平台型企业快速发展与创新下所催生的"平台经济"中的典型代

表，目前已经成为电子商务服务体系的核心内容和创新型企业主流商业模式。随着电子商务市场的逐步成熟，日益复杂的交易对电子商务服务平台功能的诉求已经不满足于仅为其提供虚拟的交易场所，更要求这样的虚拟市场具备商务支持服务的职能，这样逐渐形成了以平台为核心的局面，集聚了大量的客户，吸引了电子商务服务机构参与其中，这些机构通过平台相互连接、相互促进和拉动，在网络外部性和正反馈机制的作用下，形成具有群体竞争优势和规模效益的商业生态系统。

电子商务服务平台的快速发展引起了学术界的关注，有关电子商务服务平台竞争的文献可以分为两类：一是将电子商务服务平台视为平台经济的产物，以双边市场理论为基础研究平台竞争、平台定价等问题。如罗切特（Rochet，2002）、梯若尔（Tirole，2003）、阿姆斯特朗（Armstrong，2005）等学者提出了基准模型框架，对双边市场的研究做出开创性的贡献。曹俊浩、陈宏民（2010）对不同所有者结构 B2B 平台的价格结构、平台利润、剩余及社会福利、多平台竞争以及网络效应等问题进行深入研究。二是将电子商务服务平台视为网站，研究其质量、绩效、信用等综合竞争力。如常金玲（2005）选择了 5 家 B2C 电子商务网站，评估其可用性等级，指出各网站的优势环节和薄弱环节，以及消费者对可用性评价指标的评价。朴春慧（2007）对 C2C 电子商务网站信用评价模型及算法进行了研究，提出了权衡考虑交易对方的信用度和交易次数、交易金额等因素的信用评价算法。这些文献可用于从微观视角研究电子商务服务平台的竞争力，随着竞争规则由单个企业间、供应链间竞争向商业生态系统之间竞争的转变，电子商务服务平台的竞争力不再是仅仅强调自我利益的实现。而目前从商业生态的视角对电子商务服务平台的竞争力进行综合评价的研究却很缺乏。为此，本文以商业生态理论为基础，提出电子商务服务平台竞争力评价指标体系与评价模型，在收集某电子商务服务平台企业数据的基础上，进行了评价模型的应用研究。

## 二、商业生态赋予电子商务服务平台竞争力的新内涵

### （一）电子商务服务平台在商业生态系统中的角色定位

将穆尔（Moore）对商业生态系统的描述应用于电子商务，构建如图 1-2 所示的，以电子商务服务平台为核心的商业生态系统概念模型。系统由核心子系统、辅助子系统、竞争子系统和环境子系统构成。核心子系统以电子商务服务平台为中枢，聚集着供应商、生产企业、采购商以及客户等。辅助子系统主要是为交易提供支持服务的各种机构，包括物流公司、金融机构、保险公司、第三方支付机构、认证机构、政府机构等，竞争子系统包括直接的和潜在的竞争者，它们的存在是系统协同进化的主要动力。环境子系统是影响企业生存与发展的外部环境，包括经济、技术、政策、法律以及社会文化环境等。电子商务服务平台是整个系统资源的领导者。它在为系统其他成员提供发挥能力、创造价值的平台的同时，发挥着整合资源和协调成员关系的职能，更致力于增进整个系统的稳定性、效益性和创新性。

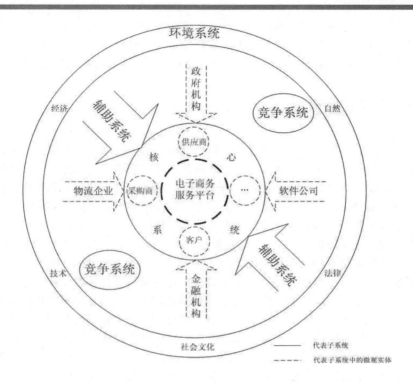

**图 1-2　以电子商务服务平台为核心的商业生态系统**

### （二）面向商业生态的电子商务服务平台竞争力内涵

　　传统的竞争力研究偏重于微观实体内部，重视对自身绩效与优势的考量，而基于商业生态的视角对电子商务服务平台竞争力的研究，则须跳出点对点竞争的狭隘视野，注重其作为核心企业在协调成员企业关系、提升整个生态系统生产率和稳定性以及改进系统总体健康中所发挥的能力，并从此举中使平台自身受益，获得可持续的能力。可以说商业生态系统赋予了电子商务服务平台竞争力更深刻的内涵。

　　（1）价值创造能力。这体现作为独立节点的自身增值能力。作为核心企业，电子商务服务平台的自身增值能力会影响整个系统的稳健性和生产率。如果不能找到有效的价值创造途径或无法为其他成员企业提供更多的价值创造空间，就难以吸引其他企业加入该系统或留住原系统中的成员，系统就会逐渐失去生命力。

　　（2）促进系统协同进化的能力。根据生态学的观点，系统内的物种协同进化。为确保商业生态系统稳健运行，电子商务服务平台要具备协调系统成员关系的能力，要具备管理外部资源、搭建外部网络及维护外部环境的能力，需要为成员利益分配模式、信息共享机制和价值分享机制的逐渐形成做出贡献，从而促进整个进化过程的速度与质量。

　　（3）领导系统可持续发展的能力。可持续发展的生态系统具有平衡性、创新性和良好的社会效应。在系统内具备较强议价能力的电子商务服务平台需要具备建立和谐的成员关系，保护各成员利益的能力和根据环境变化不断审视价值理念和价值主张的有效性，实现不断自我更新的能力，从而实现整个系统螺旋式上升并在社会上产生良好的辐射效应。

# 三、评价指标体系

评价指标的选取与指标体系的构建是影响评价结果的关键因素。考虑到电子商务服务平台的中枢地位及商业生态系统赋予其竞争力的崭新内容，笔者首先构建了一套初步的评价指标体系，其中包含平台绩效（价值创造）、平台的协同能力（协同进化）和平台可持续性。其次设计了调查问卷对交易类、支付类，移动服务、社区服务等各类型的平台服务企业及其服务对象进行了网上调研。问卷调查的样本主要分布在杭州、上海、安徽、山东等省市，问卷调查共发放 60 份，收回 56 份，经过筛选获得 53 份有效答卷，有效回收率为 88.3%。

调查问卷按照李克 5 级量表将指标分为 5 个等级，即很重要（5）、重要（4）、一般重要（3）、不太重要（2）、不重要（1），要求被调查者对指标的重要性进行量化打分，并以算术平均值≥3.5 和变异系数差≤0.25 为筛选标准，结合被调查者的具体意见对指标框架及指标内涵进一步加以筛选和修正，形成如表 1-7 的评价指标体系。该体系包括四个层次：最高层是目标层，反映电子商务服务平台的竞争力；第二层包括平台绩效、协同性、可持续性三个子系统。第三层是对上述三个子系统的具体诠释和扩展。第四层是影响评价结果准确性的关键所在，包含二十七个指标，定量指标 14 个，定性指标 13 个。

表 1-7 指标权重表

| 一级指标 | 二级指标 | 三级指标 | 评价等级隶属度 | | | | |
| --- | --- | --- | --- | --- | --- | --- | --- |
| | | | 优 | 良 | 中 | 差 | 劣 |
| 平台绩效(0.6250) | 财务指标(0.3705) | 净资产收益率(0.5815) | 0.4270 | 0.5730 | 0.0000 | 0.0000 | 0.0000 |
| | | 资产负债率(0.3090) | 0.4683 | 0.5317 | 0.0000 | 0.0000 | 0.0000 |
| | | 总资产周转率(0.1095) | 0.0000 | 0.0000 | 0.3333 | 0.6667 | 0.0000 |
| | 市场开发(0.3448) | 市场占有率(0.6250) | 0.7743 | 0.2257 | 0.0000 | 0.0000 | 0.0000 |
| | | 新市场开拓程度(0.2385) | 0.0000 | 0.6333 | 0.3000 | 0.0667 | 0.0000 |
| | | 注册用户增加数(0.1365) | 0.3276 | 0.6724 | 0.0000 | 0.0000 | 0.0000 |
| | 创新能力(0.1852) | 拥有核心技术数量(0.5396) | 0.0000 | 0.5500 | 0.4500 | 0.0000 | 0.0000 |
| | | 研发投入比率(0.2970) | 0.3157 | 0.6843 | 0.0000 | 0.0000 | 0.0000 |
| | | 创新服务对销售额增加的贡献(0.1634) | 0.0000 | 0.3833 | 0.5667 | 0.0500 | 0.0000 |
| | 员工满意(0.0995) | 员工期望(0.6250) | 0.2500 | 0.6667 | 0.0833 | 0.0000 | 0.0000 |
| | | 员工培训投入率(0.2385) | 0.1167 | 0.6333 | 0.2167 | 0.0333 | 0.0000 |
| | | 员工自我价值感知(0.1365) | 0.3000 | 0.5833 | 0.1167 | 0.0000 | 0.0000 |
| 协同性(0.2385) | 信息与利益共享(0.6667) | 市场有效信息共享度(0.3333) | 0.1136 | 0.4318 | 0.4546 | 0.0000 | 0.0000 |
| | | 信息的准确性(0.1667) | 0.0227 | 0.3409 | 0.4773 | 0.1591 | 0.0000 |
| | | 信息的及时性(0.1667) | 0.2841 | 0.6818 | 0.0341 | 0.0000 | 0.0000 |
| | | 经济利益共享度(0.3333) | 0.1137 | 0.5227 | 0.2727 | 0.0909 | 0.0000 |
| | 客户满意(0.3333) | 客户忠诚度(0.5584) | 0.3409 | 0.5682 | 0.0682 | 0.0227 | 0.0000 |
| | | 客户保持率(0.3196) | 0.0000 | 0.1667 | 0.4667 | 0.3666 | 0.0000 |
| | | 客户投诉率(0.1220) | 0.0000 | 0.1667 | 0.7000 | 0.1333 | 0.0000 |
| 可持续性(0.1365) | 成员企业关系(0.8333) | 企业信誉(0.3567) | 0.1136 | 0.2273 | 0.5682 | 0.0795 | 0.0114 |
| | | 系统的安全性(0.1337) | 0.1273 | 0.2840 | 0.5205 | 0.0682 | 0.0000 |
| | | 成员企业种类(0.0626) | 0.0000 | 1.0000 | 0.0000 | 0.0000 | 0.0000 |
| | | 成员企业数量(0.0903) | 0.6437 | 0.3563 | 0.0000 | 0.0000 | 0.0000 |
| | | 平台服务的个性化(0.3567) | 0.1363 | 0.6364 | 0.2273 | 0.0000 | 0.0000 |
| | 社会贡献率(0.1667) | 提供就业率(0.5396) | 0.5682 | 0.4318 | 0.0000 | 0.0000 | 0.0000 |
| | | 平台上商家数量(0.1634) | 0.8756 | 0.1244 | 0.0000 | 0.0000 | 0.0000 |
| | | 营运模式的社会影响力(0.2970) | 0.8523 | 0.1136 | 0.0341 | 0.0000 | 0.0000 |

# 四、结论

对电子商务服务平台竞争力的评价，长期以来将其视作技术性的网站，从技术角度和微观个体的视角来构建评价指标体系。而在电子商务生态化日益显现的当下，这些评价指标体系难以对作为商业生态系统核心的电子商务服务平台做出全面客观的评价。本文应用群组AHP模糊综合评价法，从商业生态的角度对电子商务服务平台竞争力进行综合评价，提供定性分析，并提供定量结果，最后以实际运行的电子商务服务平台为例，对该模糊综合评价系统进行实例研究，验证了评价系统的有效性和科学性。本文的研究为电子商务服务平台竞争力的评价提供了崭新的视角和较为科学的综合评价体系。

# 第二章　电子商务生态系统分析

## 第一节　电子商务产业集群生态化系统结构分析

### 【本节论点】

本文对我国电子商务产业集群的发展进行深入分析，建立电子商务产业集群生态系统模型，同时构建电子商务产业集群生态化系统结构评价体系。为了能够对模型的合理性进行检验，对评价指标相关性进行分析，通过熵值约简的方法，把对系统影响程度较小以及彼此相关性较高的指标逐个剔除。结果表明，电子商务集群服务平台具有开放、包容等特点。

## 一、电子商务产业集群概述

### （一）电子商务产业集群的内涵

电子商务产业集群不仅包括电子商务企业本身，也包括电子商务配套服务的供应商，以及相关产品的供货商和物流等。随着信息化网络技术在电子商务领域的广泛应用，当前很多学者给电子商务产业集群下定义：主要指能够实现电子商务企业之间资源和信息的共享，企业之间通过信息网络技术实现彼此连接而形成的产业系统或者组织。

### （二）产业集群相关理论

从产业集群理论的研究情况来看，主要包括几个方面：

区位理论。在产业集群研究中，区位理论主要是与产业的空间结构优化有关，区位理论主要包括三个方面：静态的区位理论、动态的区位理论和现代化的区位理论。

增长理论。企业通过自身发展并达到一定规模之后，通过规模的集聚效应实现业务扩张。经济学家巴鲁根据产业集群特征提出增长理论，他认为在产业集团中，某个具有支配地位的大企业可以通过自身影响力吸引其他企业的发展并促进经济增长。

### （三）产业集群类型

政府主导型产业集群。所谓政府主导型产业集群，主要是指政府为了推动区域经济的快速发展，而建立的一系列具有相同产业特征的工业园区或者开发区。在这些园区或者开发区的发展中，很多政策具有明显倾斜趋势，而园区地理位置特征优势明显。园区中很多企业往往都是当地的龙头，具有非常强的吸引投资的能力，并且对区域经济发展具有明显推动作用。

高科技型产业集群。高科技型产业集群主要是指在特定产业区域内，具有较高技术含量并且产业特征高度相似的企业，彼此相互连接、相互合作并集聚在一起。产业集群中企业前端性的技术水平不断更新，尤其是那些有科研机构或者高校支持的企业，更加具备更新的内生动力。因此，高科技型产业集群可以实现更好的创新活动，从而推动区域经济增长。

## （四）产业集群与生态系统特征对比

在产业集群中，很多产业之间或者产业和相关产业之间按照一定规则彼此集聚在一起，就像生物种群一样形成系统化生态结构。这种生态结构具有复杂的网状组合，正是因为有了这样的结构，才使得产业群体更加具有生命力和竞争力。表 2-1 给出了产业集群与生态系统的对比分析。

从表 2-1 可以看出：生态系统和产业集群之间具有高度相似性，产业集群也只有在适宜的外部环境中才能更好地生存和发展。而且产业集群和生态系统都有一定的生命周期，如都需要经历形成、发展直到成熟或者转型的过程。能够适应市场环境的产业，就能够更好地生存下来并发展壮大，无法适应市场环境的企业也许就需要转型，转型失败的企业就有可能会衰亡。综上所述，产业集群和生态系统之间存在高度的相似性特征，因此笔者从生态学角度出发，对电子商务产业集群生态化系统结构进行深入研究。

表 2-1　产业集群与生态系统的对比

| | 生态系统 | 产业集群 |
| --- | --- | --- |
| 构成的成分 | 生命体 | 企业 |
| 层次划分 | 个体、种群以及部落 | 企业、产业以及产业集群 |
| 空间分布 | 固定的区域范围 | 产业园区 |
| 整体性 | 生物种群按规则组合 | 企业之间相互合作 |
| 调节能力 | 自动抵御外部环境变化 | 自动适应市场竞争 |
| 环境交互 | 影响环境适应环境 | 适应环境改变环境 |
| 发展机制 | 优胜劣汰的自然选择 | 企业发展或者转型 |

## （五）电子商务产业集群层次结构

在电子商务产业集群中，每个企业都具备实现自身发展的生态功能，企业之间能够彼此合作、相互交流从而形成结构化生态网络系统。在结构化生态网络系统中，系统内每个企业之间可以实现信息共享或者资源交换等一系列循环网络机制。根据这种循环的网络信息共享机制，可以把电子商务产业集群内的层次结构划分为四种：第一种是领导类型企业，这种企业在电子商务产业集群中处于核心和支配地位，能够把电子商务相关的其他企业进行协调和资源的有机整合；第二种是关键类型企业，这种企业大多数是在电子商务产业集群中负责给消费者提供商品或者服务的供应商；第三种是寄生型企业，这种企业在电子商务产业集群中主要依靠电子商务企业才能够生存下来，与电子商务企业是唇齿相依的命运共同体，此类型企业主要给电子商务企业提供配套服务；第四种是支持型企业，这种企业在电子商务集群系统结构中可以分为两类：第一类是主要从事第三方网络支付交易的服务机构，这些机构能够在电子商务产业发展过程中赚取最大化利益，第二类是为电子商务集群中企业提供经营区域的产业园区或者开发区机构。

## 二、电子商务产业集群生态化系统结构评价体系构建

### （一）评价指标体系筛选

筛选前的数据规范化。将评价指标进行规范化处理，得出：

$$x_{ij} = \frac{v_{ij} - \min_{1 \leq j \leq n}(v_{ij})}{\max_{1 \leq j \leq n}(v_{ij}) - \min_{1 \leq j \leq n}(v_{ij})}$$

其中，$x_{ij}$ 是第 $j$ 个评价对象的第 $i$ 个指标的隶属度，$v_{ij}$ 是 $i$ 指标的具体数值；$n$ 是评价对象的数量。若将评价指标进行适度中性的变换，可得：

$$x_{ij} = \frac{1}{1 + |v_{ij0} - v_{ij}|}$$

其中，$v_{ij0}$ 是第 $j$ 个评价对象第 $i$ 个指标的理想值。

信息熵约简。对评价对象 $j$ 来说，如果 $x_{ij}$（$i=1$，2，…，$n$）之间的差异比较大，意味着各个指标之间进行对比的效果会越好。首先，假设 $x_{ij}$（$i=1$，2，…，$n$；$j=1$，2，…，$m$）是第 $i$ 个准则层里 $j$ 指标的已知信息，可以计算得出：

$$e_j = -\frac{1}{\ln n} \sum_{i=1}^{n} f_{ij} \ln f_{ij}$$

其中，$e_j > 0$，$f_{ij} = x_{ij} / \sum_{i=1} x_{ij}$ 是 $j$ 指标中 $i$ 准则所占比重，$j$ 评价指标的区分能力 $w_j$ 可以被定义如下：

$$w_j = \frac{1 - e_j}{n - \sum_{i=1}^{n} e_i}$$

相关性分析。相关性分析描述的是每个指标之间的关联程度以及重合程度。如果指标之间具有高度相关性，那么对这些相关性指标进行重复评价，就容易导致评价结果的可信度降低。两个指标之间的相关性越高，指标之间就更加容易被相互替代。进行指标相关性分析的目的就是剔除相关系数比较大的指标，从而使评价结果更加具有参考意义。

首先需要把不同指标（$x_{ij}$）的相关性系数 $r_{ij}$ 计算出来，并且假设指标评价的参考值为

0.09。通过计算能够把评价指标进行初步筛选，从而可以得出信息熵约简和相关性分析表。

## （二）评价指标体系构建

根据电子商务产业集群整体情况、电子商务公共服务平台建设情况以及电子商务服务业聚集度等方面建立评价体系中的一级指标，在一级指标范围内再设置二级指标。

## （三）评价方法选择与设计

评价方法选择。设计好评价指标，还需要选择恰当的评价方法并构建模型，才能够得出完善并且有效的指标评价结果。在电子商务产业集群化生态系统结构的形成过程中，影响因素众多并且十分复杂。因此，需要使用综合指标评价方法才能得出满意结果。

评价模型设计。首先，构造两两判断矩阵，矩阵元素为 $a_{ij}$（$i$, $j=1, 2, \cdots, n$），$n$ 为评价指标数量，$a_{ii}=1$，$a_{ij}=1/a_{ji}$。

其次，计算每行元素的乘积 $M_k$：

$$M_k = \prod_{j=1}^{n} a_{kj}, k = 1, 2, ..., n$$

再次，计算 $M_k$ 的 $n$ 次方根 $M_k$：

$$\overline{M_k} = \sqrt[n]{M_k}, \quad k=1,2,...,n$$

对 $M_k$ 进行归一化处理，得到其特征向量 $W$：

$$w_k = \frac{\overline{M_k}}{\sum_{j-1}^{n} M_k}, \quad W = \left(w_1, w_2, ..., w_k\right)^T, \quad k = 1, 2, ..., n$$

最后，根据 $AW=\lambda W$，计算最大特征根 $\lambda\max$：

$$\lambda_{max} = \frac{1}{n} \sum_{k-1}^{n} \frac{(AW)_k}{w_k}$$

计算一致性指标 $C.I.$ 以及随机一致性比值 $C.R.$，进行一致性检验：

$$C.I. = \frac{\lambda_{max} - n}{n-1}, \quad C.R. = \frac{C.I.}{R.I}$$

随机的一致性平均指标 $R.I.$ 将按照表 2-2 进行取值。

表 2-2　$R.I.$取值表

| 矩阵的阶数 | 1 | 2 | 3 | 4 | 5 | 6 | 7 | 8 | 9 |
|---|---|---|---|---|---|---|---|---|---|
| $R.I.$ | 0 | 0 | 0.6 | 0.9 | 1.1 | 1.2 | 1.3 | 1.4 | 1.5 |

评价模型的主要步骤。针对模型进行评价的流程可以分为三个阶段：第一个阶段是对数

据进行分析和处理。主要是收集模型评价所需要的相关数据，并对这些数据进行必要处理。比如，原始数据都需要进行无量处理，定性数据都需要根据其类属程度而赋值，从而能够很好地规避因为主观性所导致的误差。第二个阶段是确定指标权重。确定指标权重所使用的方法主要是层次分析法，并对不同指标之间的相关性进行分析。在此基础之上，构建一个层次递阶的指标评价模型。模型中相关指标的权重确定以后，需要对同级指标进行对比分析，以及分析一级指标下的二级指标的重要性问题。第三个阶段是进行评价结果综合计算。把已经在第二阶段确定下来的权重在模型内分配之后，按照每个指标的无量纲处理结果的实际值和各自权重之间的乘积进行计算，把这些计算好的结果进行汇总，最后可以得出指标体系评价结果。

## 三、结论与展望

### （一）结论

本文在全面系统地研究产业集群、电子商务等方面的相关理论，查阅大量国内外文献，总结了关于产业集群研究的相关经验后，对电子商务产业集群生态化结构进行分析，并与自然界生态系统进行简要的对比，确定产业集群内各个企业之间互利互惠的关系。除此之外，还通过对电子商务集群内产业层次结构的分析，构建完善的集群生态化评价模型。为了对模型的合理性进行检验，还对评价指标的相关性进行分析，并通过熵值约简的方法把对系统影响程度较小以及彼此相关性较高的指标逐个剔除。结合系统动力学等相关知识，对电子商务集群生态化结构平台进行分析。研究结果表明，电子商务集群服务平台具有开放、包容等特点。

### （二）展望

从系统的生态学视角对电子商务集群理论进行研究是今后的重要方向。另外，本文所构建的电子商务产业集群生态化结构系统评价模型还有待完善。因为在构建评价模型的过程中，只选择了促进电子商务产业发展的正面影响指标，而没有包含电子商务产业集群发展有可能面临的负面影响因素，主要原因是这些负面影响因素难以预料。因此研究过程难免有局限之处，在未来的研究中需要进一步完善。

## 第二节　电子商务生态系统的构成特征及其演化路径

【本节论点】

随着互联网经济的发展与网络电子商务平台的壮大，以电子商务企业为核心并集聚一系列物流、银行、广告公司等配套企业的电子商务产业化集群现象日益显著，电子商务系统呈现出生态化的特征。本文结合我国当前电子商务产业的发展现状，基于商业生态系统理论对电子商务生态系统的形成、内涵、特征以及其演化路径展开探讨。文章最后结合阿里巴巴集团的案例，从实证角度为笔者关于电子商务生态系统及其演化路径的理论分析提供了现实依据，对我国电子商务生态系统构建有着积极意义。

# 一、我国电子商务发展现状

伴随着互联网技术的跨越式发展与完善，我国的电子商务应用自 1995 年引入以来先后经历了从初步认识到广泛关注，继而广泛应用、爆发式发展的四个阶段。目前，我国电子商务高速发展，集中表现为电子商务交易额的逐年攀升、在线购物网民数量的爆发性增长以及电子商务网站数量的大幅度增加，电子商务日益成为推动社会经济增长的重要力量。随着网络购物平台的不断发展壮大，移动互联网的快速发展促使移动购物日益便捷，传统企业大规模进入电商行业中的网络购物市场，我国电子商务发展前景广阔。

除了电子商务网站喷涌式的增加以及网民数量的大规模扩张，电子商务产业的迅猛发展也吸引了与互联网交易相关的贸易公司、生产厂商、物流企业以及广告、金融、软件公司等主体的加入，相关的增值服务机构也不断增多。电子商务交易的产品种类随之越来越广泛，囊括了一般零售业商品以外的服务、信息类产品。日益壮大的电子商务产业中，各主体围绕核心电子商务企业，通过网络相互关联和促进，产业集群化特征明显，形成相对庞大的产业链和生态部落，具有较强的竞争优势。我国电子商务产业发展过程中集群化的现象标志着其产业链的日益成熟，各参与主体之间相互依存与互动、促进共赢局面的产生。

# 二、电子商务生态系统的含义

## （一）商业生态系统理论

生态学理论应用于经济研究的历史可以追溯到 20 世纪初熊彼特的经济进化论。商业生态系统最先由 James F. Moore（1986）提出，Moore 将其定义为"基于组织互动的经济联合体"，将生态学观点应用到企业竞争战略中，为研究企业发展与市场运作提供了新思路，初步形成了商业生态系统的研究框架。Peltoniemi 和 Vuori（2004）在此基础上认为商业生态系统是由具有一定关联的组织组成的一个动态结构系统，这些组织可能是企业、高校、研究机构、社会公共服务机构以及其他各类与系统有关的组织。其后国内外学者针对这一复杂适应系统中各主体之间的关联、价值创造以及均衡发展展开了探讨，商业生态系统的应用越来越广。梁运文、谭力文（2005）利用商业生态系统理论阐述了企业战略选择需要基于对所处商业生态系统的认识；而田秀华、聂清凯（2006）等人指出在企业竞争过程中，不同主体、不同系统之间的动态发展与共赢将是未来发展的主题。

从实际应用角度，商业生态系统理论用动态发展的思想剖析了各企业与外部环境之间的相互依赖、紧密联系的关系，这显著优于供应链理论、战略联盟理论等。结合我国电子商务当前以共同客户链为导向、共生关系明显的集群化现象，商业生态系统理论与价值链理论相比，能够更好地解释电子商务产业的集群化现象，强调成员共生关系及对环境的动态适应与改变。因而本文立足商业生态理论对我国电子商务系统的发展演进展开研究更为合理。

### （二）电子商务生态系统的内涵

将商业生态系统的理论和研究成果应用到电子商务领域，就产生了电子商务生态系统的概念。本文所讲的电子商务生态系统即为一系列密切关联的企业和组织机构，超越地理局限，利用互联网络平台作为竞争和沟通环境，围绕核心电子商务企业，通过优势互补和资源共享联合成为一个有机的生态系统。该生态系统中各成员各司其职，促进物流、资金流与信息流的交换和循环，共同组成一个多层次的、复杂的商业生态系统。

在电子商务环境下，针对企业发展战略的复杂性，电子商务生态系统既是企业的关键战略途径，也是一种管理理念的创新。系统中各成员间应实现资源共享、共同创新的集成化商务模式和标准，在不同的发展阶段调整战略选择、培养核心竞争力。

### （三）电子商务生态系统构成模型

根据前文所讲的商业生态系统理论对商业生态系统的定义，结合电子商务发展背景与运转模式的特殊性，笔者在整理已有文献研究的基础上对电子商务生态系统的构成模型做了阐释，描述了各层次之间的依存关系。该模型自内而外、层次分明，包括由核心电子商务企业、供应商及客户组成的核心层；直接参与电子商务交易的各个相关组织，如包括物流公司、金融机构等组成的支撑层；与电子商务交易有着千丝万缕联系的延伸层以及最外层的支撑电子商务系统运作的外部环境。其中核心层的主体是电子商务交易的主体，在支撑层的关联企业的支撑下有效便捷地完成交易。各层次中主体之间的交流协作也促进了电子商务交易中物流、资金流与信息流的交换共享，保障了电子商务生态系统的健康运行。

## 三、电子商务生态系统的特征及演化路径

### （一）电子商务系统的特征

#### 1. 系统更新迭代速度快

随着技术进步与电子商务生态系统的不断成熟与完善，整个过程中将会持续更新与优化，参与主体多样化、环境的复杂性决定了电子商务系统的不断更新升级。对于传统商业生态系统而言，高速的更新特征只会在衰退阶段出现。

### 2．核心企业的领导地位

互联网所具有的正网络效应，使核心企业对其客户的价值随着客户数增加而呈指数型速度增加。在电子商务环境下，围绕一个核心电子商务企业的集群化现象明显，随着生态系统的扩大，更多的支撑性、寄生性因素涌入，围绕核心企业实现价值创造、价值共享以及共同进化。

### 3．系统边界的模糊性

由于电子商务生态系统参与主体与市场环境的不断扩张降低了信息共享成本，突破了地域限制，由此衍生出了与交易相关的各类增值服务。和一般的商业生态系统专注于特定领域不同，电子商务系统本身的多样性促使其系统边界随着生态系统的扩大而不断延伸，以更好地满足客户需求。

### 4．较高环境威胁

当前电子商务仍是上升势头迅猛的新兴行业，其发展模式、技术支持与政策环境等都没有定型，伴随着系统的高速更新，各种不确定性也在不断提升。因此，与传统商业生态系统相比，其面临衰退和死亡的威胁更高。外部经济环境、法律环境的变化也将对电子商务生态系统的发展产生不同程度的冲击。

## （二）电子商务生态系统的演化路径

Moore 从商业生态系统均衡演化的角度，将商业生态系统从产生并初具规模，到稳定发展最终走向衰退的过程分为四个阶段。同样地，电子商务生态系统作为新的商业生态系统，也必然经历这一生命周期的各演进过程。基于上文对电子商务生态系统特征的分析，结合其发展模式的独特性，本文在传统的对商业生态系统生命周期的分析基础上，重新定义了电子商务生态系统的演化路径：分别是初步形成、扩展、协调发展、进化革新四个阶段。

第一，初步形成阶段。在电子商务生态系统的进化初期，核心电子商务企业以满足特定客户需求为目标，通过运营模式创新或提升附加值的方式吸引其他的参与者与协作者。若这种模式是有效的，一个电子商务生态系统就将生存下来，并不断扩张。通过开拓阶段后，新的电子商务生态系统诞生并初具规模。

第二，经过初期的拓展过程且随着系统核心参与者的不断成长，电子商务生态系统步入迅速增长的扩展阶段，参与系统的主体逐渐涌现。新的生态系统所形成的价值链条能够实现吸引客户、扩大生产的目标。与此同时，不同领导核心的同质生态系统之间的竞争开始不断升级，市场竞争格局基本确定。

第三，扩展阶段业务的高速增长，使得协调各主体之间的利益关系、统筹系统发展变得日益重要而复杂，此时电子商务生态系统进入协调发展阶段。协调多方利益冲突与价值分割，维持系统健康发展就需要不断完善生态系统的规则和标准。此时市场资源和角色会随着生态系统的不断演进而进行协调和再分配，各类认证体系、规则制度的完善以及大规模协作的产生是抑制系统内部恶性竞争的有效手段。

第四，当既有电子商务生态系统受到新的模式或外部政治经济环境的冲击时，系统面临演进终止、被替代的威胁，转而进入进化革新阶段。进化阶段需要系统改变或颠覆原有的模式，进行模式创新或技术创新，进化成为新的电子商务生态系统。事实上，由于电子商务生态系统本身易受到外部环境的威胁，使得电子商务系统在演进过程中的任意阶段都可能由于外部环境的刺激突发变化进入进化革新阶段。

上述四个阶段本质上也显示了电子商务生态系统的生命周期历程。作为电子商务生态系统的参与者，能够明确其当前所处的阶段，有利于帮助其有效地预测风险，选择合适的发展战略。对于领导整个生态系统的核心电子商务企业而言，这一点显得尤为重要。

# 四、基于阿里巴巴电子商务生态系统的案例分析

## （一）初步形成阶段（1999—2002 年）

在阿里巴巴集团初步发展阶段，也曾受到互联网泡沫破灭的威胁，通过大量的试错与探索之后，由功能单一的论坛转型为交易平台，助力中小企业的营销贸易，推陈出新得以生存下来。

## （二）扩展阶段（2003—2007 年）

随着网络设施的普及与技术进步，阿里巴巴生态系统的成员规模开始呈现爆炸式增长，相应电子商务生态系统的边界不断扩大。2003 年建立 C2C 网站淘宝网，2005 年收购雅虎中国，2006 年收购口碑网等举措充分彰显了其业务功能的不断扩充完善。

## （三）协调发展阶段（2008—2011 年）

随着网民数量的激增以及电子商务平台的增多，阿里巴巴生态系统中的利益关系日益复杂。2009 年成立阿里云公司，2010 年淘宝商城独立运营，都旨在为客户提供定位更精准的服务。这一阶段为了实现协调整合，作为系统核心的阿里巴巴敢于调整战略，实现从电子商务服务商向电子商务基础设施运营商的转型，试图加强系统的开放性，规范各类服务，促进生态系统的良性成长。

## （四）进化革新阶段（2011 年至今）

当前阿里巴巴公司成长势头正旺，但仍为潜在的威胁做好了准备。2011 年，阿里巴巴开始建设仓储网络，2012 年公司从香港联交所退市，生态系统持续良性进化。与此同时，各类社交网络与移动互联的应用也颠覆了一些传统的交易模式，阿里巴巴电子商务生态系统中的各成员也都秉承着合作共赢的理念规避恶性竞争、实现资源共享和优势互补，促使系统健康发展。鉴于外部环境的高威胁性，虽然阿里巴巴生态系统正处于成熟上升期，但是未来也可能会有新的商业模式出现，促使阿里集团颠覆当前的模式。

# 第三节 电子商务生态系统内涵、特征及优势

## 【本节论点】

随着科技、经济和信息技术的高度发展，电子商务的应用领域和用户规模逐年扩大，电子商务网站的经营环境和发展模式等问题受到社会研究和实践应用领域的关注，因此本文从什么是电子商务生态系统出发，对系统的特征和优势进行了详细分析，主要介绍了电子商务生态系统中各主体的角色以及电子商务生态系统的特征，并以阿里巴巴的电子商务生态系统为例进行简要分析。

生态系统这一概念由英国生态学家亚瑟·乔治·坦斯利于 1935 年首次提出，他认为生态系统是生物物种和非生物环境的统一体，各个物种之间相互依存、相互制约，通过食物链彼此竞争与协调，形成一种动态的平衡机制。类似地，将传统生态学的研究成果和理论应用到电子商务领域就产生了所谓的电子商务生态系统。

## 一、电子商务生态系统内涵

杰姆斯·穆尔于 1996 年在他的书《死亡竞赛：在商业生态系统时代的领导和战略》中提出了企业生态系统共同演化的理论。他认为，在世界经济和日益增长的环境变化融合得越来越多的时代里，企业应从商业生态系统，尤其是企业本身的角度建立起自己的发展策略。

电子商务生态系统指的是将自然界中生态系统的概念和商业生态系统的理论结合起来应用在电子商务领域。它将整个社会生产消费过程中的所有参与者看作一个整体，各个部分之间相互协调，使系统能够稳定运行。

商务生态系统理论认为，企业应适应外部环境的变化，确定同联盟成员的共同愿景，结合各成员的不同贡献，组成商务生态系统。处在这个商务生态系统中的各企业应共同为客户创造价值，共同抵御来自系统外部的竞争，在市场生存中求得共同进化。

## 二、电子商务生态系统的构成

利用商业生态系统理论来分析电子商务，可以发现，电子商务是一系列关系密切的企业和组织机构，超越时间、功能和地理位置的界限，将互联网作为合作和沟通平台，通过虚拟企业、动态联盟等形式进行优势互补和资源共享，结合成一个有机的生态系统，该系统内的各个成员各司其职、相互交织，形成完整的价值网络，物资流、信息流和资金流在价值网络内不断循环流动，共同组成一个多层次、多要素、多侧面的错综复杂的商业生态系统。电子

商务生态系统中的物种成员按其定位可以划分为以下几类：

一是关键种群，即电子商务交易主体。包括个体消费者与企业消费者两类，这类群体主要从事电子商务产品的消费，往往在交易活动中占主导角色，是商务生态系统其他种群共同服务的对象。

二是领导种群，它们是电子商务核心企业，是电子商务服务平台提供商，通过提供平台以及监管服务，在电子商务生态系统中扮演着资源整合和协调的领导者角色。

三是支持种群，即电子商务必须依附的组织。包括物流公司、交易机构、安全认证中心以及 ISP、硬件制造商、系统开发商和相关政府机构等，它们为电子商务交易的完成提供各种支撑服务，例如物流配送、网上支付、安全认证、网络接入服务等，这些种群作为基础，支撑和优化着电子商务生态系统。

四是寄生种群，即为网络交易提供增值服务的提供商等，包括技术外包商、电子商务咨询服务商、网络营销服务商等。这些物种寄生于电子商务生态系统之上，与电子商务生态系统共存亡。

## 三、电子商务生态系统特征

奥地利-美国生物学家贝塔朗菲认为，一个系统有三个主要原则：首先是整体性，即系统内部各部分之间是一个整体，应该分工协作，以实现整个系统的进步；其次是模型化；最后是最优化，电子商务生态系统除了具备这些特点，还有以下特征：

### 1. 动态性

作为一个完整的整体，系统内部成员会不断地更新，也会有外部力量持续参与扩大，这些内生和外生的力量都意味着电子商务生态系统具有动态变化的特点，系统的构成要素不断淘汰更新，最终实现电子商务各部分成员的共同发展和整个系统的完善。

### 2. 多样性

系统多样性表现在内部构成要素的多样性，电子商务生态系统是由一系列密切相关的企业和组织构成的，内部成员有不同类型、不同功能，扮演不同的角色。另一方面，由于企业所面临的市场环境是变幻莫测的，所以系统所面临的外部环境也具有多样性。

### 3. 开放性

只有一个开放的系统，才能具有最强大的自我调节和自我修复功能，以保证系统能不断吸收最优秀的成员，自由地与外界进行信息的交换。开放性使企业在最大范围内建立战略合作伙伴关系，形成良性的系统循环，达到资源的优化配置和有效利用。

### 4. 竞争性

自然生态系统中"物竞天择，适者生存"就充分强调了竞争的理念，同样的，在激烈的市场竞争环境下，电子商务系统也必须通过技术创新等方式不断完善，以保持竞争优势。

5．协同性

作为整体中的一部分，系统内部各成员之间是相互依赖、共同生存的关系，为了以更灵活的姿态应对市场的不断挑战，实现自身和整体利益的最大化，内部各要素之间必须相互协调、相互补充，才能实现共同发展。

## 四、与传统商业生态系统相比，电子商务生态系统的特点

商业生态系统理论在很大程度上打破了传统企业的竞争观念，与传统商业生态系统相比，主要有以下特点：

### （一）种群间的协作、共生关系加强

电子商务的发展使得传统企业之间的分工协作发生了变化，从而引起企业的组织形式、组织文化、管理方式、决策过程发生变化，相继出现了虚拟企业、动态联盟等组织形式。企业间的协同合作越来越密切，协同商务不再仅仅是一个概念，而是与企业的业务紧密地联系在一起。

### （二）小规模、差异化种群大量涌现

类似于亚马逊这样的综合型电子商务企业的数量将不会大量增加，而大量的利基电子商务会不断涌现。所谓利基市场，就是满足具有特殊需求的一类消费群体市场，它是与大批量生产相对的。这类小规模的电子商务企业将会长期生存下来，满足人们的差异化需求。

### （三）物种更新迭代速度加快

一个生态系统由于各种原因会随着时间而衰败，而互联网即时、快速的特点更是大大加速了生态系统的更新周期。因此，电子商务生态系统需要形成其成员间同呼吸共命运的模式，系统中成员的命运是连在一起的，这样系统中的企业、个人才会有共同的目标，使系统向更完善的方向发展，不合群的成员必将陆续被适应环境的优秀成员所替代。

### （四）种群内部结构优化明显

在电子商务环境中的组织结构由原来的垂直组织结构慢慢地向扁平化组织、柔性化组织方向发展，其特点是：中间管理层次减少，管理幅度增加，权利下移，员工自主性增强。企业管理者仅围绕战略业务单元开展经营活动，形成形式多样、敏捷灵活的柔性组织。

## 五、电子商务生态系统的优势

电子商务生态系统作为一个新兴概念，将生态学与电子商务的模式结合起来，形成一个

创新型的管理思想。在传统思想占据大部分市场的情况下，不断地被更多企业了解和使用，必然具有其独特的优势。

### 1. 电子商务生态系统对传统竞争模式的突破性

传统商务生态系统在跨地区跨行业的整合协调上往往作用有限。电子商务生态系统具有广泛性、多元性，区域的限制被打破。电子商务生态系统超越了传统界限，使有联系的组织之间形成战略同盟关系，共同面对市场竞争，这就使传统的竞争模式被打破，企业不再是单独的个体，可以通过与其他组织之间的合作使其具有更强的竞争能力。

### 2. 电子商务生态系统特征的完善性

系统形成的最主要目的就是通过内部各成员之间的共同合作实现效益的最大化。与传统的系统相比，电子商务生态系统具有更强的自我调节和自我完善的功能，作为系统的成员，每个企业都要更加注重整体性，与各成员互利共赢，在制定战略计划时，应协调各部分关系，达到利益的最大化，而不是盲目竞争。顽强的竞争力，并不意味着能长久生存，企业应该利用自身竞争力和优化的生态系统获取更多利益。这就要求各个成员都要遵守系统的整体性、协同性等特征。

### 3. 电子商务生态系统管理理念的创新性

在电子商务环境下，针对企业发展战略的复杂性，新商务生态系统不仅是一种实施电子商务的战略途径，而且是一种管理理念的创新。传统管理思想是静态的，在面临不断变化的市场环境时，存在很大的局限性，而电子商务生态系统是一个动态的、系统的理念，从新的角度帮助企业制定战略规划。电子商务生态系统也使信息流转和反馈的速度加快，企业能更快速地了解到市场变化，并做出反应，这是传统的管理方式所不能达到的。

## 六、案例分析：阿里巴巴的电子商务生态系统

### （一）阿里巴巴的种群结构

阿里巴巴集团是中国最大的电子商务企业，集团公司已经有十一家旗下子公司，分别是：阿里巴巴、天猫、支付宝、阿里软件、阿里妈妈、口碑网、阿里云、中国雅虎、一淘网、中国万网和聚划算。阿里巴巴吸引了消费者、零售商、专业化供应商、金融机构等大量的相关组织及个人，阿里巴巴与这些参与者之间紧密协作、互为依赖、共同发展，已经形成了庞大的电子商务生态群落，呈现出典型的商业生态系统特征。电子商务生态系统四种不同的物种成员在阿里巴巴电子商务生态群落中特征表现明显。

领导种群：阿里巴巴集团；

关键种群：使用阿里巴巴提供的电子商务平台进行交易买卖的双方，包括供应商、生产商、中小卖家、消费者等；

支持种群：支持保障网络交易完成的相关机构，包括金融机构、政府、物流公司、ISP

等，如支付宝、阿里软件、中国万网；

寄生种群：为关键种群或支持种群提供增值服务的机构，如阿里妈妈、口碑网。

### （二）阿里巴巴的种群特征

阿里巴巴通过提供诚信通服务产品建立相对完备的诚信体系，从而使整个系统从中受益，而且诚信通产品对诚信的评估标准则由用户和阿里巴巴一起协同指定，阿里巴巴自身并不需要维持复杂而又昂贵的监控和诚信评价系统。

阿里巴巴的强大不在于自身创造了多大的价值，阿里巴巴的成功更多的是通过建设一个网上平台来整合庞大的系统成员，架构一个强大的商业生态系统。系统内各成员在这个平台上完成交易活动，产生效益。

## 七、结论

电子商务生态系统是一种超越了传统的行业界限的概念，它既可以在常规的行业界限内部成长，也可以跨越常规的行业分界线，这种理论方法与电子商务网站突破行业范围的特性正好是一致的，这也决定了未来企业从事电子商务，不仅仅是指应用一种新的技术或者营销手段，而是意味着要接受一种新的商业理念，这对于企业来说，既是机遇也是挑战，在这场生态系统与生态系统之间的竞争中，只有快速地适应环境，做出及时有效的反应，才能在优胜劣汰的市场中占据一席之地。

电子商务生态系统理论让企业可以从新的角度系统地思考企业未来的发展趋势，帮助企业制定正确的发展战略，预测潜在的威胁，采取正确的措施，并有效地减少和规避风险，从电子商务中获益。

# 第四节　商业生态系统的研究现状综述

【本节论点】

商业世界已经进入商业生态系统时代，关于商业生态系统的研究主要从两个方向开展，即自然生态系统方向和复杂巨系统方向，前者强调对生物学和生态学中关键知识的延伸理解和使用，后者利用复杂巨系统的理论来思考和研究商业生态系统。目前，商业生态系统的研究领域主要集中在基于商业生态系统视角研究企业的竞争战略、商业生态系统的演化机制、商业生态系统的健康模型和评价体系等方面。

当我们放眼商业世界时，我们发现商业生态系统已经普遍存在，它打破了行业的界限，以顾客为中心，表现为多个行业企业联合起来为顾客创造价值。苹果移动生态系统就是这样，苹果公司、富士康、APP 的开发企业、信用卡机构、网络等企业一起合作，为全球消费者提供了高品质、体验极佳的手机产品和软件产品。这不是个案，商业生态系统是商业世界的发展趋势。本文就商业生态系统理论的研究现状和研究热点进行归纳总结。

## 一、商业生态系统：来自生态学的隐喻

自然生态系统是一个神奇的世界，每一个物种都能在里面找到自己的生存空间，彼此之间通过食物链关系构成生态网络，共同推动自然生态系统进化。同时，通过"优胜劣汰、差别保存"的自然选择规律，实现了协同进化。

这种现象与商业世界何等相似。因此，很早以前，便有学者借用生物学或生态学的知识来研究经济运行和组织管理的问题。比如，生态学发现，生物共同体的形成遵守集合定律，即一个新物种只有等到其食物生长到可以为它所吃的时候才会加入。商业世界同样如此，当然，商业世界的这种关系不是"吃与被吃"的关系，早期的商业机会刺激了一些企业联合起来，当他们证明这些商业机会前景有利可图时，其他企业和支持者也会积极地参与进来，商业生态系统就这样建立起来了。

商业生态系统概念最早由 James F. Moore 提出，这个类似概念的表述有很多，比如联网组织（施振荣）、企业生态系统、企业网络等。

商业生态系统借喻于自然生态系统，James F. Moore 说，自然生态系统中生物体间的关系和各生物体处理这种关系的做法与商业世界中的企业很相似，我们可以把从这种关系和做法中发现的知识为我们所用，但"严格的生物学的隐喻并不适用于商业"。商业生态系统是社会系统，相对于自然生态系统，社会系统由人组成，其主动性、预见性和选择性是其重要特征。

## 二、商业生态系统：一个复杂巨系统

James F. Moore 在《竞争的衰亡》一书中提到，Gregory Bateson 一生致力于复杂系统工作的研究，对其在商业生态系统方面的思考影响巨大。Biggiero 和 Wysocki Jr.等提出复杂巨系统的理论为其提供了另一个视角来思考组织的管理。如果组成系统的成分数量庞大且种类众多，这些成分之间的关系也错综复杂，还形成多种层次结构，那么我们称这类系统为复杂巨系统。自然生态系统是复杂巨系统，社会系统也是复杂巨系统。相对于自然生态系统，社会系统由于人的意识作用而变得更为复杂。商业生态系统是社会系统，因此，商业生态系统也是一个复杂巨系统。Genera Insight 智库董事会主席、著名新经济学家 Tapscott Don 在《Macrowikinomics：Rebooting Business and the World》一书中提到，企业在经营发展过程中，与消费者一起组成共同体，对公司的决策经营非常有好处。自组织理论是 20 世纪 60 年代发展起来的一种系统理论，主要包括耗散结构理论、协同论、突变论、超循环理论等，吴建材利用自组织理论研究商业生态系统进化机制，认为只要条件满足，商业生态系统也能够以超循环的方式实现自组织进化。Backers 认为复杂系统理论的研究成果对分析企业与竞争者、供应商和消费者之间的复杂关系非常有效。

# 三、商业生态系统的研究方向

综上所述，所谓的商业生态系统，其实就是一个基于自然生态系统思想精心创建起来的企业网络组织。和自然生态系统一样的是，商业生态系统也是复杂巨系统，在条件满足的时候，同样能实现自组织的进化。与自然生态系统不同的是，参与系统的成员是被精心选择发展的；与普通企业网络组织不同的是，它具备生态系统的特点，通过企业生态位的分离，创造协同进化的条件。同时，它又符合复杂巨系统的特征。

根据国内外学者研究的成果，目前针对商业生态系统的研究可以分为两个方向，即自然生态系统的方向和复杂系统研究的方向。

## （一）引用自然生态系统知识方向

从这个方向开展研究的学者认为，商业世界中的企业组织就像自然生态系统中的生物一样，企业与企业之间既有竞争关系，也有合作的关系，它们之间在竞合过程中形成了类似于自然界中食物网的价值网络。每个企业是这个价值网络中的一个成员（结点），承担了这个价值网络中的一个功能，比如苹果移动生态系统中的富士康科技公司，其主要功能就是为苹果公司生产 iPhone 手机，一旦富士康科技公司的生产出现大面积的问题，将严重影响苹果公司iPhone 手机品牌的声誉。因此，商业生态系统关键企业（结点）的缺失将对商业生态系统的稳定和发展造成重大的破坏。

从自然生态系统方向开展研究的学者，特别重视对生物学和生态学中关键知识的延伸理解和使用。比如在商业生态系统的创建形成方面，James F. Moore 认为，如同自然生态系统的形成主要是"集合定律"的作用一样，商业生态系统的形成同样适用这个规律；Eric Schmid 相信"企业组织与自然界的生物体一样具有 DNA"，这种组织 DNA（即企业文化、企业行为和企业精神等方面）主要来自组织最初的创立者或组织强有力的领导者；Daniel Z. Sui 研究发现，自然界中，生物间的竞争导致其生态位的分离，并最终形成自然界中生物的多样性现象，也才有了今天我们见到的如此缤纷绚丽的世界。商业世界也有相似的情况，同一条美食街的酒家选择了"回避性定位"的策略，减少了彼此间的竞争，而且群集效应为他们带来了更多的消费者，实现了"协同进化"。

## （二）复杂系统研究方向

从复杂系统方向开展研究的学者认为，基于线性思维的理论并不适用于现实的商业世界，现实的商业世界运行错综复杂，不可预测。李志坚等认为商业生态系统是一个典型的复杂适应系统，具有适应性、协同进化、自组织、涌现、反馈和有意识选择的复杂适应性特征；刘健辉认为商业生态系统通过自我组织、突发性和协同进化从而得到发展，并以此获得适应性。吴建材运用基于耗散结构理论、协同学理论和超循环理论分析的商业生态系统的演化发展及其动力问题，指出商业生态系统的演化发展的方式是协同进化，具体来说，是通过内部各子系统的竞争实现协同，形成系统发展的序参量，并支配着商业生态系统的进化发展。Biggiero 和 Lucio 强调自组织过程在创建商业生态系统的重要性。

### （三）存在的问题

商业生态系统是一种崭新的研究领域，在体系上还没有完善，需要更多的学者和专家来补充和发展，任何一个有益的方向都是值得探索的。总体来说，自然生态系统方向的研究更注重商业生态系统在实践上的运用，尤其是达尔文的自然选择学说等生态学理论早已深入人心，所以这个方向的研究更容易让人理解。不过，该方向的研究未能深入到商业生态系统的基础问题。复杂系统研究方向则不同，它从系统演化发展的角度，引入包括序参量、熵等概念，深入理解商业生态系统的自组织进化的条件、动力和方式，有助于整体把握商业生态系统的本质和内在机制。随着信息通信技术（尤其是互联网技术）的发展，企业组织将摆脱空间和时间的限制，迎来企业组织结构的大变革时代，管理和任务可以通过网络通信技术进行集成，自组织管理模式将会是未来组织管理的一个研究方向。

## 四、商业生态系统的主要研究领域

对国内外学者的研究进行归纳总结，我们发现，目前商业生态系统的研究领域主要集中在以下几方面。

### （一）基于商业生态系统视角研究企业的竞争战略

像美国苹果公司一样，组建以自己为中心的商业生态系统是所有渴望成功的企业梦寐以求的。因此，研究商业生态的开拓、领导和创新就成了学术界和企业界的热点。James F. Moore 在《竞争的衰亡》一书中写道，商业生态系统的演化发展经历四个阶段，依次是生态系统的开拓、生态系统的扩展、对生态系统的领导和自我更新或死亡。关键企业必须做到能开发比现有系统更有效的、新的首尾相接的价值创造系统、吸引更多的参与者并保持系统成员的多样性、处理各种内外部冲突、持续地为系统注入新的思想和创造新的机会等。

### （二）商业生态系统的演化机制和评价体系

吴建材提出商业生态系统的本质是协同进化，其演化机制是系统内成员通过功能耦合实现自组织进化，竞争和协同在进化过程中扮演着动力的关键作用。杜国柱、王娜、李爱玉等构建了自然生态系统的健康模型，并提出了商业生态系统的健壮性评价体系，认为所谓商业生态系统健康是指能高效将原材料转变为有生命的有机体，面对环境的干扰与冲击，能持久地生存下去，并随着时间的推移能创造出新的有价值的功能。

### （三）基于商业生态系统理论视角研究地区经济和产业集群

黄昕和潘军从商业生态系统物种多样性和关键物种等角度，提出我国汽车工业缺少成熟和有力的关键企业的观点，而且汽车工作处于长期封闭和孤立的状态，导致了汽车企业竞争力不强、配套不完善、产业链断裂等一系列问题；吴建材基于商业生态系统理论视角研究广州服装专业批发市场，提出专业批发市场已进入协同进化的时代，应从商业生态系统的角度构建专业市场的核心竞争力。Harald Mahrer 和 Roman Brandtweiner 运用商业生态系统理论分析奥地利国家电子商务产业现状，认为奥地利电子商务发展正处于商业生态系统的第二阶段。

### （四）商业生态系统理论在多领域中的应用

胡岗岚等从商业生态系统理论的视角研究我国电子商务产业的集群化现象，并给出了电子商务生态系统的定义，同时认为我国电子商务生态系统的演化发展过程包括开拓、扩展、协调、进化等四个阶段。张蓓运用商业生态系统理论研究我国零售业，提出建立健康零售业商业生态系统的思路，建议走协同进化的道路，建立共赢的商业社会。郭哲从商业生态系统理论的角度，提出构建无线城市的商业生态系统模型的想法，并给出了三种发展战略，即网络核心型战略、支配主宰性战略和缝隙型战略。

## 五、结论

有关商业生态系统的研究开始呈现井喷的趋势，尤其是在苹果等公司成功构建了商业生态系统并以此获得巨大竞争力之后。国内外的学者从不同角度，运用不同的方法，取得了不少有益的成果，比如丹尼·希利斯（Danny Hillis）利用计算机仿真系统模拟寄主和寄生虫的竞争和进化过程，根据模拟结果，提出企业应努力构建核心竞争力，同时要有良好的适应性，防止环境突然改变使企业陷入经营困境。国内学者利用商业生态系统的理论研究企业名牌的发展策略。本文通过对商业生态系统的研究进行梳理，展示商业生态系统的研究现状和问题，这是进一步深入研究商业生态系统的基础。

# 第三章 电子商务生态系统的
# 演化发展与平衡

## 第一节 电子商务生态系统的演化发展

**【本节论点】**

　　随着互联网和信息技术的发展，电子商务已经成为一种新的商务模式，电子商务的核心企业逐渐吸引了一些企业以及银行，还有一些软件公司和物流公司的集聚，它们逐渐形成了一个商业生态系统，越来越生态化。随着电子商务的发展，电子商务生态系统也在不断地演化和发展。

　　随着经济的发展，互联网和数字信息技术也在突飞猛进地前进，电子商务产业不断壮大，各个主体都紧紧地围绕着核心电子商务企业，互联网的发展给他们之间的联系提供了便利，它们利用网络进行相互关联并相互促进，产业集群化特征日益明显。它们也在不断发展中逐渐形成了一个庞大的产业链，以及具有生态化的生态部落，它们的集聚增强了竞争优势。在我国电子商务产业的发展过程中，这种集群化的现象是产业链日益成熟的标志，在这个生态系统中主体与主体之间相互依存、相互联系、共同发展，是一个共赢局面。这个生态系统随着电子商务的发展也在不断演化发展。

## 一、电子商务系统

　　商业生态系统是由 Moore 最早提出的，它是一个以组织互动为基础的经济体。Moore 成功地把生态学观点引入到了商业竞争战略之中，为企业发展与市场运作的研究提供了新思路以及新的研究方向。商业生态系统就是相关组织集聚组成的一个动态的、结构化的系统，商业生态系统中的组织是多种多样的。电子商务生态系统就是由一系列有着密切联系的企业和组织机构组成的一个有机的整体，这些组织不仅在地理上超越局限，通过对互联网络平台的利用，加强了彼此之间的联系，这个网络平台也为他们的竞争和沟通提供了一个良好的、便利的环境。它们不断围绕核心电子商务企业进行集聚，各有各的优势，在网络这个大平台上逐渐实现了优势互补，网络平台也促进了这些企业和组织之间的资源共享，正是它们之间的和谐发展与联合，使其在电子商务的引力下逐渐形成了一个有机的生态系统。在电子商务生态系统中，每个成员都有自己的责任和功能，相互之间的相互协调与合作，能极大地促进物流、资金流与信息流的交流和交换，促进循环，从而在共同的努力下形成了一个多层次的且非常复杂的电子商务生态系统。

随着电子商务的发展以及企业发展战略逐渐复杂化，电子商务生态系统作为企业的关键战略途径，促进了企业创新其管理理念的提升。生态系统的发展需要系统中各成员间相互配合与合作，在发展中促进资源共享，逐渐形成集成化商务模式，由于市场经济的多变性，生态系统要根据不同的阶段的不同特征，因时因地的调整发展战略，从而增强竞争力。

## 二、电子商务生态系统的特征

### （一）系统更迭速度快

电子商务发展的时间还不长，因此还不够成熟，在其发展过程中难免出现各种各样的问题，因此在电子商务中"试错"和"创新"是其发展的两大准则。随着电子商务生态系统的诞生和发展，以及不断壮大直到成熟，由于技术的进步，电子商务生态系统也会一直不断更新与优化。

### （二）核心企业的领导地位

随着电子商务的迅猛发展，逐渐出现了围绕电子商务的核心企业的集群化现象。生态系统日益扩大，同时也吸引了非常多的具有支撑性以及寄生性的因素不断涌入。在这种集聚效应下，这些被吸引来的企业和组织都以核心企业为中心，从而实现价值创造，达到价值共享，以此促进它们之间的共同进步与演化。客户量的增加为其实现巨大的价值奠定了基础，二者成正比增长，他们之间的相互影响逐渐形成了一种良性循环，这种良性循环的直接影响就是强者变得更强，不仅如此，还会使用户对其产品或服务产生依赖性以及习惯化，从而就固定了、稳定了客户。以上这种局面就会真实有力地增强领导企业在电子商务的竞争力，使其更具有竞争优势。如今，随着电子商务的快速发展，越来越多的组织向电子商务核心的企业靠拢，并由此形成了一种聚集的现象，犹如一堵层次分明的围墙，坚不可摧，也正是因为如此，电子商务的核心企业拥有坚固的、绝对的领导地位。

### （三）系统边界的模糊性

电子商务生态系统在发展的过程中，难免参与到主体与市场的不断扩张的过程中来，这样就不仅使信息共享成本变低，更是摆脱了地域的限制，正是因为没有了地域的限制，所以产生了很多与交易相关的增值服务。电子商务因其特性注定与一般的商业生态系统所关注的领域不同，电子商务系统本身具有多样性，这也是随着生态系统的扩大，其系统的边界不断延展的原因，不断延伸则是为了提供更好的服务，以更好地满足客户需求。

## 三、电子商务生态系统的演化过程

电子商务生态系统演化的第一步就是其初步形成阶段。在电子商务生态系统演化的最初时期，电子商务企业的主要目标就是提供良好的服务，使客户的需求得到满足，并在此基础上，不断创新运作模式，或者是以增加附加值的方式来吸引其他的合作者。如果实行这种模式有效，就会直接使得电子商务生态系统生存下来，并在此基础上不断开疆扩土。开拓阶段是最难的，一旦经过了这个阶段，电子商务生态系统就会产生并逐渐初具规模。

经过初期的开拓以及发展，同时又随着系统参与者的不断成长，电子商务生态系统就会加快步伐，并迅速增长，这是其扩展阶段，在这个阶段中参与系统的主体逐渐出现。

其演化的第三个阶段，即协调发展阶段。在发展过程中，难免出现利益冲突等问题，因此第三个阶段就要健全和完善电子商务生态系统的规则以及标准，协调系统中多方的利益冲突，促进价值合理分割，从而维护系统的健康发展。

在第四个阶段，随着信息技术的发展，原有的电子商务生态系统也许会受到其他模式的冲击，这就会直接导致系统演化过程的终止，或者面临被替代的危险，所以电子商务生态系统就会进入革新阶段。在这个阶段，系统将会改变既有模式，甚至是颠覆原有的模式，从而创新模式以及技术，在此基础上演化成新的生态系统。电子商务生态系统本身的特性就决定了其容易受到外部环境的威胁，也正是由于各种各样的外部环境的刺激，该系统进入革新阶段。

## 四、案例分析——以阿里巴巴为例

### （一）物种结构

阿里巴巴是我国最大的电子商务集团，它不仅拥有 B2B 的平台 1688、B2C 平台天猫、C2C 平台淘宝、团购平台聚划算等，还拥有强大的支付平台支付宝、推广平台阿里妈妈、物流平台菜鸟，除此之外，阿里巴巴还有阿里软件、淘宝大学等。如此多的公司增强了阿里巴巴的实力以及竞争力，吸引了众多的消费者、零售商等，阿里巴巴与其紧密结合、相互依靠，通过不断地发展形成了一个庞大的生态系统。

表 3-1　阿里巴巴集团领导种群

| 领导种群 | 阿里巴巴集团 |
| --- | --- |
| 关键种群 | 使用阿里巴巴提供的电子商务平台进行交易的买卖双方，包括供应商、生产商、进行国际贸易和中国本土贸易的中小企业、个体卖家、消费者等 |
| 支持种群 | 支撑网络交易完成的相关机构，包括电信、金融机构、政府、物流公司、互联网技术提供商等 |
| 寄生种群 | 为关键种群或支持种群提供增值服务的机构，如各类互联网商盟、广告服务商、软件开发商、网商培训机构、网商创业咨询机构等 |

## （二）发展阶段

### 1. 形成阶段

阿里巴巴于1999年开拓自己的商业生态系统，这是一次偶然，由于他们意外发现对于中小企业来说，资源有限，资金困难，交易机会很少。阿里巴巴也正是在这个基础上抓住了机会，在网络的辅助下不断整合相关资源，从而创建了B2B交易平台，这个平台就是基于大数据的互联网建立起来的。基于互联网的交易平台给中小企业的营销与贸易降低成本提供了可能性。

在其初步形成阶段，阿里巴巴电子商务生态系统就受到了互联网危机，以及泡沫破灭带来的巨大威胁，这也给其发展施加了巨大的压力。在初步开拓阶段，阿里巴巴经历了很多大程度、大规模的更新，不仅如此，他们还经历了一次又一次试错的磨炼，就这样在不断改善的基础上，慢慢从诞生到初具规模。

### 2. 扩展阶段

经过了初步形成的开拓阶段，阿里巴巴成功生存下来，接下来进入了扩展阶段，它以客户需求为最直接的风向标，不断进行更新，在此基础之上阿里巴巴的电子商务生态边界也随之扩大。2003年非典时期，阿里巴巴推广了它的C2C平台——淘宝，以免费的形式对抗美国巨头eBay，通过十几年的发展，淘宝已经取代eBay成为世界电子商务零售巨头。为了解决买卖双方的信任问题，也为了交易支付的方便，2004年，阿里巴巴推出了自己的支付系统——支付宝，现在支付宝已经成为世界最大的第三方支付平台。2007年，阿里巴巴推出了自己的推广平台——阿里妈妈。2008年，基于B2C的淘宝商城诞生，把企业店铺从淘宝中分离出来。2010年，淘宝商城更名为天猫。

### 3. 协调发展阶段

随着其生态系统的发展，进入生态系统中的物种种类不断丰富，而且在生态系统中物种之间的联系也越来越紧密，不仅如此，它们之间的利益关系也变得越来越复杂，利益之间的争夺也日益激烈。这个阶段的发展已经完全不能再按照生态系统发展初期的生态规则来进行了。在协调发展的阶段，阿里巴巴必须从战略上做出相应的调整，做出一些转变，从而变成一个独立的平台。加强系统内部的管理与改进，对各种服务进行规范，从而有效地避免系统内部的恶性竞争，这样才能更好地促进整个电子商务生态的可持续发展。

随着以京东为代表的自营为主的电子商务平台的快速发展，阿里巴巴物流的短板越来越突出。于是，2013年，阿里巴巴推出了智能骨干物流网——菜鸟，至此，阿里巴巴形成了自己完整的生态圈。

### 4. 进化革新阶段

虽然如今阿里巴巴公司成长速度很快，但是仍然要做好相关准备来应对未来的挑战与威胁。随着阿里巴巴电子商务的发展，其生态系统也在不断地良性进化。阿里巴巴电子商务生态系统中的每个成员都遵守生态系统的发展规则，合理竞争并相互合作，促进了资源的合理配置以及资源共享，优势互补，以实现共赢为目标，这样才能保证整个生态系统的可持续发展。

## 五、结论

互联网的发展直接催生了电子商务的出现，近些年来，电子商务在社会、消费者的支持下有了突飞猛进的发展。电子商务的核心企业也逐渐吸引了一些企业以及银行，还有一些软件公司和物流公司的集聚，它们逐渐形成了一个商业生态系统，越来越生态化。随着电子商务的发展，电子商务生态系统也在不断地演化和发展。电子商务生态系统的演化过程主要是初步形成、扩展、协调发展以及进化革新等四个阶段，不同的阶段面临着不同的威胁，只有系统内部协调发展、相互合作、合理竞争、促进资源共享才能实现共赢，才能促进电子商务生态系统的健康可持续发展。

# 第二节　电子商务生态系统及其演化路径

## 【本节论点】

随着经济发展与社会进步，互联网经济正处于不断壮大与扩展之中。一大批物流、银行、广告等公司都聚集在电子商务企业四周，形成了电子商务产业集群，电子商务逐渐显露出生态化的特征。本文从当前时代背景下的电子商务产业发展现状入手，探讨电子商务生态系统的形成与演化。并以阿里巴巴集团作为分析案例，从实例出发，为文中关于电子商务生态系统演化论述提供依据，以期能为构建电子商务系统结构起到借鉴作用。

我国从 20 世纪 90 年代引入电子商务应用系统后，一直受到社会广泛关注。随着我国互联网技术的发展与完善，电子商务经历了初步认知、广泛关注、广泛应用、爆发式发展四个阶段。在我国，电子商务高速发展主要表现为交易额的逐年攀升，网民网购数量成爆发式增长，电子商务相关网站数量大幅增加。电子商务逐渐成为推动社会经济发展的重要动力。移动通信与移动互联网的发展使得网络购物更加便捷，诸多传统企业集体加入电子商务行业中，为我国电子商务发展提供了广阔的前景。

除了电子商务网站与企业井喷式增加，电子商务的发展也吸引了与网络交易相关的其他企业，例如生产厂商、贸易公司、物流企业、金额企业、软件公司等纷纷加入电子商务大家庭中。电子商务覆盖的交易物品种类也随之增多，除去传统零售业，新兴的服务类与信息类产品，也通过电子商务平台火了一把。电子商务产业在日益壮大的过程中，通过网络关联平台，集群化产业模式特征越来越明显，诸多企业集合在一起形成了产业部落，具有极强的市场竞争力。集群化产业模式发展标志着我国电子商务行业中各产业链的日益成熟，各参与主体之间联系紧密，互动频繁，存在着共赢局面。

# 一、电子商务生态系统

## （一）电子商务生态系统定义

经济研究史中出现生态学理论学的时间可以追溯到 20 世纪初，由熊彼特《经济进化论》最先提出。直到 20 世纪 80 年代，詹姆斯莫瑞才第一次阐述了商业生态系统概念，并将其定义为"给予组织互动的经济联合体"。该理论将生态学理论与经济学战略结合在一起，为企业发展与市场开拓奠定了新路线，并初步形成了商业生态系统的研究框架。后世学者在此理论基础上研究发现，商业生态系统实质上是一个动态结构系统，此系统由具有一定关联性的组织共同组成。这些组织有可能是企业、高校、社会公共服务机构或者研究类机构。之后的国内外学者们针对系统内部主体之间复杂的关联与价值，展开了深刻讨论，商业生态系统得到了广泛应用。电子商务产业产生集群化现象，是我国电子商务与共有客户链之间共生关系的最好证明。

## （二）电子商务生态系统内涵

电子商务生态系统是商业生态系统理论应用于电子商务领域的产物。文中所阐述的电子商务生态系统即为关联紧密的企业机构，这些企业不受地域限制，通过互联网进行沟通，以电子商务生态系统为核心，内部进行优势互补与资源共享。系统内部企业各司其职，促进企业之间产品、现金、信息的交换与循环，共同组成一个多层次系统。在当前市场环境之下，企业发展具有很强的复杂性。电子商务生态系统作为一项新型管理理念，为企业完成战略目标提供了有力保障。

# 二、电子商务生态系统特点与演化路径

## （一）电子商务系统特点

### 1. 系统更新速度快

电子商务生态系统在社会经济飞速发展的大环境下，正处于成熟与完善阶段。这个阶段内的电子商务生态系统具备持续更新与优化的能力，主体多样化与环境多样化是电子商务生态系统不断升级的基本条件。而传统的商业生态系统，极速更新换代意味着该系统正处在衰退过程之中。

### 2. 核心企业具有领导地位

互联网环境下，由于网络效应的影响，核心企业对客户的价值随着客户的数量增加而呈指数型上涨。因此，电子商务集群产业随着生态系统的扩大，不断壮大自身实力，外界更多支撑性与寄生性因素的加入，会随着核心企业所创造价值的共享而共同进化。

### 3．系统边界具有模糊性

信息共享成本随着电子商务生态系统的参与和市场环境的扩张而不断降低，最终突破地域限制，从而产生了与之相关的各项增值类服务。相对于一般商业生态系统，电子商务系统不局限于特定的领域，而是通过其多样性促使电子商务生态系统的边界在发展中不断延伸。电子商务通过这种方法，才能满足更多客户的需求。

### 4．环境威胁程度较高

当前社会经济环境中，电子商务是发展势头最为迅猛的行业之一。原因在于电子商务发展模式与技术支持还没有定型，时刻伴随着技术与系统的更新。而相对的，各种不确定性环境因素也会随之而来。

## （二）电子商务生态系统演化路径

经济学家莫瑞从商业生态系统均衡演化角度出发，将商业系统从产生到衰退的过程分为了四个阶段。电子商务生态系统作为新型商业生态系统，本质上具有相同的演化路径。

### 1．产生阶段

电子商务核心企业为了满足特定客户需求，通过新型运营模式和提供附加条件来吸引参与者和协作者。如果该企业运营模式是成功的，那么这个电子商务生态系统将会存活下来，并通过前期积累与扩张，达到一定规模。

### 2．成长阶段

系统核心会随着初期积累与扩张不断成长，电子商务生态系统也会进入增长与扩展的阶段，系统内部主体将涌现出来。生态系统中新的价值链条又将吸引更多的客户，达到扩大生产的目的。以不同领导核心为主的同性质生态系统之间竞争将愈发激烈，市场竞争格局基本被确定下来。

### 3．协调阶段

系统内部阶段性业务的增长会导致电子商务生态系统内部各个主体之间关系更加复杂，此时的电子商务生态系统应该处于协调发展阶段。处理不同方面的利益纠葛，维持系统稳定发展。这一过程中，市场资源与角色会随着系统内部演化而开始新一轮的协调与再分配活动。

### 4．革新阶段

当电子商务生态系统受到新模式或者外界政治经济等因素冲击时，整个系统将面临演化终止的结局，从而走向革新道路。革新即为电子商务生态系统内部的革命，颠覆一切现有模式，通过新兴技术与新型模式，对电子商务生态系统完成改造。实际上，电子商务生态系统与外界环境联系十分紧密，时刻都遭受着外界环境的威胁。这种特性使得电子商务生态系统在任何一个发展阶段，都面临着突发状况的威胁，随时都有可能进入到革新阶段。

## 三、案例分析，以阿里巴巴为例

### （一）产生阶段（1999—2002 年）

阿里巴巴集团产生阶段，面临过互联网泡沫破灭威胁，集团通过大量探索与尝试后，才摆脱了单一网络销售平台结构，转向帮助中小型企业进行营销贸易的平台模式，从而得以存活下来。

### （二）成长阶段（2003—2007 年）

阿里巴巴生态系统随着网络设施的普及与技术的进步，呈现了一段时间内成员规模爆炸式增长的情况，系统边界随之不断扩大。从 2003 年建立淘宝网开始，阿里巴巴一系列收购举措充分展现了其业务能力正在不断拓展与完善。

### （三）协调阶段（2008—2011 年）

随着类似电子商务平台的增多以及网购人群的增长，阿里巴巴生态系统内部结构与关系利益日渐复杂。集团于 2009 年 10 月连续进行了两次调整，即阿里云公司的成立与淘宝网的独立运营。其目的依旧是给客户提供精准的电子商务服务。在这一段时期内阿里巴巴作为生态系统核心敢于调整自身战略，使集团由电子商务服务商转为电子商务基础设施运营商，保证了生态系统内部的良性成长。

### （四）革新阶段（2011 年至今）

当前阿里巴巴发展势头正旺，集团总裁也一度成为中国首富，但该集团仍然为潜在的威胁做好了一系列准备。2011 年阿里巴巴开始仓储网络建设，2012 年从香港证券交易所退市，2014 在纽约证券交易所上市。集团始终维持着生态系统内部良性进化的状态。在这个过程中，网络上各类社交互联应用的出现也颠覆了一些传统交易模式。阿里巴巴生态系统中各个成员齐心协力，秉承合作共赢的理念，通过资源共享与优势互补，成功避免了恶性竞争。然而电子商务生态系统与前身商业生态系统存在相同的内在规律，因此，即使阿里巴巴正处于成熟时期，但未来一旦出现新的商业模式，阿里巴巴集团为了保证其生态系统的发展，势必会颠覆现有模式。

综上所述，创意赋予了电子商务生态系统中交易主体强大的生命力，同时增加了系统在传递与循环过程中所产生的价值。在新型商业模式出现之前，电子商务生态系统通过其独有的行业吸引力以及共生共荣的内部联系，不断加固着内部稳定性。当今时代下，电子商务生态系统凭借其高效率的交易活动与多样化的需求满足能力，保证了该集群结构的发展与壮大。

# 第三节　电子商务生态系统的演化与平衡

## 【本节论点】

随着互联网经济的不断发展，电子商务核心企业吸引了一些配套的企业、银行、软件公司、物流公司等，越来越呈现生态化的特征。在提出电子商务生态系统的概念和构成的基础上，探索了电子商务生态系统的发展与演化过程，通过阿里巴巴生态系统的案例分析，指出电子商务生态系统演化平衡的四个阶段：初步形成、发展扩大、成熟协同、衰退革新，同时分析了每个阶段的演化特点。最后提出电子商务生态系统在演化过程中实现平衡可持续发展的一些策略建议。

经过十余年快速发展，中国电子商务市场的生态化特征和趋势日益突出，一个生机勃勃的电子商务生态系统正在形成。阿里巴巴现在的成功是通过自身建设的平台来主导整合庞大的系统成员，并且架构了一个强大的电子商务生态系统（杨艳萍，2008）。电子商务生态系统呈现出一些新特点：不仅规模巨大，而且交互关系非常紧密和复杂。比如出现了大规模的网商自组织和社会网络现象，基于网络的信用体系在迅速生长，生态化的学习社区（虚拟硅谷）也蓬勃发展。显然，在这种复杂巨系统中，与个体交易行为相比，系统状态和群体交易行为更值得深入观察。电子商务生态成为兼具理论和实践重要性的前沿研究领域，如何规范和促进电子商务的健康快速发展是理论界和实务界都非常关注的问题。

James JI. Moore（1993）首次提出了"商业生态系统（Business Ecosystems）"的概念，将自然界的生物群落理论知识运用到商业企业群体种，认为企业群落同样存在着以食物链、物质与能力交换为基础的多层次、多反馈、动态变化的生态系统。目前国内外的主要研究体现在对企业电子商务生态环境、生态链的研究等方面。具有代表性的成果主要有：Brian Detlo（2001）从信息政策、信息系统发展进程以及信息文化角度研究了影响企业电子商务生态均衡的因素；Rajshekhar G. J. et al.（2005）利用互联网生态系统中古典模型的组织生态动力学特点，提出了基于当前全球电子商务环境的电子商务生态模型。Wang et al.（2009）以淘宝网为例研究了信息生态因子、信息生态链和生态圈；Lin 和 Shery（2010）通过田野调查分析全球电子商务和信息生态的发展，并认为，在电子商务发展的初期，政府政策的支持、有效的法律环境和社会基础设施都能很好地促进电子商务生态的形成，而在电子商务成熟阶段，法律环境的作用就显得微乎其微。Sun et al.（2012）从经济、心理和生态的角度研究虚拟社区的知识共享，分析了虚拟社会的生态特征。

目前关于电子商务生态系统的研究还主要停留在对基本框架体系的研究的层次，对具体的生态系统演化和平衡等问题的研究还比较少，缺少量化的研究。本文从系统科学和生态学的角度探索电子商务生态系统的平衡和演化对于企业电子商务管理者构建良好的生态环境具有重要的借鉴意义。

# 一、电子商务生态系统简介

电子商务生态系统是商务生态系统的一种，是由电子商务核心交易企业、金融服务企业、物流服务企业、政府等组织机构以联盟或虚拟合作等方式通过互联网平台分享资源，从而形成的一种生态系统，其成员间信息共享、协同进化，实现自组织和他组织。系统主要由领导种群、关键种群、寄生种群等构成。从生态链的角度来看，电子商务生态主体由生产者、传递者、消费者、分解者等构成，如图 3-1 所示。

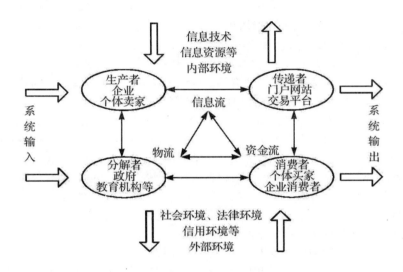

图 3-1　电子商务生态系统构成图

生产者主要是指为电子商务活动主体提供资源的主体。生产者是电子商务生态链的基础和基本要素。主要包括个体卖家和企业，在交易活动中占主导角色，是生态系统中其他主体的服务对象。传递者主要是指电子商务生态系统中传递信息的媒介和通道，主要包括门户网站、交易平台等，是生态系统中其他主体依赖的信息通道。分解者主要是指为电子商务生态系统中主体提供有价值信息的政府机构、科研机构、进入机构等。通过对信息的分解、分析和加工，为主体提供有价值的信息。包括物流公司、金融机构以及相关政府等。消费者主要是接收并使用信息的组织，主要包括终端消费者和其他。有时电子商务生态系统中的四个主体会出现一些重合，如卖家和企业也同样是一些信息的消费者。生态系统中信息的传递和分解最终目的都是末端的消费。

除了主体以外，电子商务生态系统还包括直接或间接影响主体生存的各种环境，如社会环境、法律环境、信用环境，信息技术、信息资源等。

系统内外部环境各因子之间都存在相互作用和相互影响。每个主体的发展变化都会影响到电子商务生态环境，只有当系统中的每个子系统都处在良好的相互适应和协调状态时，整个生态系统才处于平衡状态，在平衡状态的发展和演化才能使系统中的每个成员实现良性健康成长。

## 二、电子商务生态系统发展演化历程

我国的电子商务应用自 1994 年出现以来，随着互联网基础设施等的发展与完善，最近表现为级数型增长速度，主要表现为网络购物网民人数的增长、电子商务交易额的增长和电子商务网站数量的增长等。根据中国互联网信息中心每半年一次的调查，截至 2012 年 6 月底，中国网民数量达到 538 亿，互联网普及率为 39.9%，网络购物用户规模达到 21 亿，电子商务交易额达到 35 万亿元。网购人群的增加和电子商务网站的发展促使大量机构和企业参与到电子商务产业中，如物流快递企业、软件公司、金融机构、美工等。同时电子商务的快速发展还吸引了一些增值服务机构的加入，如各种电子商务证书的认证机构、各种电子商务从业人员的培训机构等。这些服务企业加上政府等均以电子商务企业为集聚点，为其配套服务，形成庞大的电子商务生态群落，其生态性的特征逐渐显现出来。

从商务生态系统的发展来看，Moore 从均衡演化的层面，将其演化过程划分为 4 个阶段：第一阶段，新形势商务生态系统逐渐诞生并初具规模；第二阶段，通过核心产品、服务和独特的产业价值链，吸引客户、扩大生产、销售规模；第三阶段，结成较为稳定的商业共同体、达成互利协作协议，同时共同体内种群内部和外部竞争加剧、利润分摊，市场角色和资源在不断的演化中进行再定位和再分配；第四阶段，技术革新，为了避免商业生态系统被新系统所替代，逐渐走向衰退和死亡，系统开始持续发展进化。电子商务生态系统作为商业生态系统的一种，也经历着这样的几个阶段。

以阿里巴巴为例，探索阿里巴巴生态系统的演化历程。阿里巴巴集团成立于 1999 年，经过 10 余年的发展，目前，阿里巴巴集团已经成为中国最大的电子商务企业，拥有阿里国际业务、阿里小企业业务、淘宝网、天猫、聚划算、一淘和阿里云十个事业群，旗下有 13 家公司：阿里巴巴 B2B、淘宝网、天猫、支付宝、阿里妈妈、口碑网、阿里云、聚划算、一淘网、中国雅虎、中国万网、CNZZ、一达通。在这 10 余年中，阿里巴巴集团的壮大，也吸引了一些专业的物流机构、快递公司、金融机构、电子商务增值服务机构等，他们以各种方式集聚在阿里巴巴平台，形成一个开放、协同、繁荣的电子商务生态系统。

从成员的规模和物种的复杂程度等几个角度，将阿里巴巴生态系统的形成和演化过程划分为 4 个阶段：第一阶段，初步形成阶段（1999－2003 年），这一阶段成员从无到有，规模也处于平稳上升。在当时，中小企业缺少在线公布贸易信息、建立网站的能力，阿里巴巴发挥其核心领导作用，帮助中小企业收集整理发布公司和产品信息，将小企业与全球企业联系起来，参与到生态系统中，获得一定商机。在这一阶段，阿里巴巴还面临互联网泡沫破灭的威胁，从 2000 年末到 2002 年初，阿里巴巴尝试了很多业务模式：会员付费制、虚拟主机、网络广告等。在这一阶段，生态系统中的物种比较少，结构也比较简单，没有吸引一些支持物种，阿里巴巴集团作为核心，同时还提供支持物种、分解者、传递者等该提供的功能，如咨询、营销等。

第二阶段，扩大阶段（2003－2007 年），随着网络等基础设施的普及，阿里巴巴生态系统的成员规模开始呈现爆炸式增长。2003 年，个人电子商务网站－淘宝成立，同时发布在线支付系统支付宝，拓宽了阿里巴巴生态系统的边界。阿里巴巴生态系统的功能也在不断完善，2005 年 10 月收购雅虎中国，2006 年 10 月收购口碑网，2007 年 1 月阿里软件成立，提供低成本的软件服务，为企业搭建信息化所需要的基础设施；11 月成立网络广告平台阿里妈妈，针对网络广告进行发布和买卖。在这一阶段，阿里巴巴推出的各种新服务和新产品涵盖了电子商务的各个领域，实现了客户的各种需求。同时，也有更多的合作伙伴加入了生态系统，例如，与建行工行等合作推出阿里贷款，生态系统种群增多，呈现出一片繁荣的景象。

第三阶段，稳定商业体协调发展阶段（2007－2011 年），随着网络购买人群的增加，使用电子商务平台的企业越来越多，生态系统中的各种关系也变得越来越复杂。2009 年阿里云公司成立，2010 年淘宝商城独立运营，为客户提供更精准的服务。网商之间大规模的协作也开始出现，如在淘宝网上出现各种网商联盟等。通过生态链的完善，实现关键物种食物链的集成，如将 B2B 网站打造成 C2C 卖家的主要进货渠道，与物流公司合作达成协议，推荐物流，解决流通环节的问题。从集团公司发展战略上，公司开始从"电子商务服务商"转型为"电子商务基础设施运营商"，这个转型可以通过与其他物种的合作和市场的力量，"拥抱变化，不断试错"，抑制一些恶性竞争，实现生态系统的良性发展。

第四阶段，技术革新，持续进化阶段（2011 年至今）。2011 年，阿里巴巴开始打造仓储网络体系，2012 年公司从香港联交所退市，生态系统持续进行良性进化、自然成长，同时，各种社交网络的出现，也颠覆了一些交易模式。移动互联的出现和普及，移动终端的开发商和服务提供商进一步繁荣了电子商务生态系统。生态系统中的各种群之间及其种群内部也意识到，合作比竞争更重要，避免恶性竞争，实现资源互补，大规模的合作持续进化正在形成。未来外界环境的不断变化，一些新的商业模式的出现，可能会彻底颠覆目前的阿里模式，新的商业模式和新的商业文明会出现。

## 三、电子商务生态系统发展演化的特点

电子商务生态系统与传统商业生态系统类似，需要经历形成、发展、成熟和衰退的生命周期过程。通过分析阿里巴巴生态系统的发展演化，我们可以看到电子商务生态系统的演化和平衡的特点。

（1）形成阶段，电子商务生态系统中种群比较单一，往往以某一特定群体为客户，通过创新性的运营模式来吸引部分参与者，来形成一个小的生态系统。在这一阶段，因为新生事物的发展很难有固定的模式来遵循，"试错"和"创新'成为形成阶段的两个主要的发展模式。在这一阶段，整个生态系统的发展仍然处于探索阶段，不断地尝试各种可能的模式，找到一种比较适合的发展模式。在形成阶段所探索的各种模式，可能顺利地发展下去进入大规模扩展，也可能因为模式的不合适而在扩张前就衰败死亡。

（2）发展阶段，核心种群的不断成长，生态系统中成员也开始增加，围绕客户的需求，会衍生出一些特色服务，如搜索引擎、社区论坛、快递物流、金融服务等。在这一阶段，生

态系统中的核心种群找到一种比较适合自身发展的模式，不断地发展壮大，会吸引一些配套的种群进入生态系统，同时，这种模式也可能被其他电子商务核心企业学习模仿，形成一定的竞争格局。

成熟阶段，随着各种群的不断发展壮大，各个种群之间的利益关系越来越复杂，成员之间的矛盾冲突和竞争也更加明显。为了应对这些竞争和冲突，种群中的主要成员之间出现了一些自组织的协同合作，形成一些虚拟的企业联盟和合作机构。在这一阶段，成员的规模开始饱和，增长日趋缓慢。

当生态系统规模达到饱和，或者受到一些新的商业模式的致命威胁时，生态系统开始进入衰退阶段。在衰退阶段，如果生态系统中的核心种群能够颠覆原有的商业模式，就能够进化为一种全新的电子商务生态系统，如果不能够进行一定的革新，就会走向死亡。

电子商务生态系统演化阶段特点见表3-2。

表3-2　电子商务生态系统演化阶段特点表

| 演化阶段 | 成员规模 | 成员构成 | 阶段描述 | 主要特点 |
| --- | --- | --- | --- | --- |
| 形成阶段 | 从无到有，增长缓慢 | 核心种群为主 | 诞生并初具规模 | 试错、更新，各种模式的探索和优化 |
| 发展阶段 | 爆炸式增长 | 核心种群衍生很多不同的种群 | 系统规模不断扩大，边界不断扩大，不同的生态系统之间开始出现竞争 | 边界模糊 |
| 成熟阶段 | 突破增长临界点，增长速度变缓 | 核心种群、支持种群等各种群都比较完善 | 成员矛盾开始凸显，关键种群成员内自组织协作和服务现象日益明显 | 大规模自组织 |
| 衰退阶段 | 增长停滞或衰退 | 部分种群死亡 | 系统发展饱和，外部环境的致命威胁，系统开始衰退，需要一种全新的模式 | 高外部威胁，新的模式转型 |

由于电子商务生态系统是一种全新的商业模式系统，没有规律可以借鉴，而外界环境的变化又比较快，稍不留意，电子商务生态系统可能在发展阶段、成熟阶段等由于外界环境的突变而直接进入衰退阶段。在每个阶段，生态系统中各种群都与相关资源和环境集成在一起，形成的一个稳定的生态系统，即平衡状态。在这个系统中，物质流、信息流、能量流等都处于一种自我调节、有序的、稳定的状态，而这种平衡的状态又是动态发展变化的，因此称为动态平衡。生态系统每个阶段都有不同的平衡点。每个阶段都需要实现生态系统主体内部平衡，即内部不同部门之间的平衡。如电子商务生态系统中的网络商家，其业务是在企业内部多个部门协调完成的，企业内部各个不同的部门要实现平衡发展。

# 四、电子商务生态系统演化平衡策略

## （一）平衡电子商务生态系统中主体内部各价值链

为了平衡主体内各价值链的发展，可以建立协同商务服务系统，从各个环节提取各类数据，进行信息加工、信息整合。同时，需要平衡电子商务生态中主体之间的各种群之间的价值链。随着电子商务生态系统内容的丰富，种群增加，种群之间的价值链平衡成为生态系统演化平衡的重要组成部分。因此，要确保种群之间在业务运作上协调一致，食物链中的每个节点都需要彼此协调和相互努力，形成一个完整的价值链，相互信任，实现信息共享。

### （二）打造信息沟通渠道和信息共享氛围，实现信息的共享，才能更好地实现生态系统的演化平衡

打造领导种群和成员之间的信息发布平台，以及即时聊天工具、在线论坛、在线虚拟社区等，同时也可以构建一些非正式的沟通渠道，如线上和线下沟通相结合的方式等。另一方面，信息共享的氛围也非常重要，良好的信息共享氛围能够促进成员之间更真诚、更深入地信息沟通，也能更好地实现生态系统内的演化平衡。

### （三）成员之间内部进行深层次的合作有助于实现演化平衡

深层次的合作能够带来企业之间的知识和资源的共享、组织之间优势的互补，给各种群带来更多的价值。利用电子商务生态系统内信息共享成本低、不受地域限制等特点，开展深层次的合作，领导种群要发挥其作用，为成员间协作提供便利条件，增加生态系统的竞争力，实现系统的良性演化平衡。

此外，对于生态系统中的每个种群，每个成员都需要深化电子商务知识管理。一方面建立学习型组织，通过建立学习型组织，培养组织的学习氛围，发挥员工的创造性思维；另一方面，注重员工的电子商务教育和培训，生态系统中的企业都需要对员工进行电子商务相关技能的培训，可以采用短期进修、网络课程、讲座、研讨会等多种形式。

# 第四节　互联网商业生态系统及其内涵研究

## 【本节论点】

"互联网+"时代，互联网产业和企业的发展格局和竞争态势备受关注。从商业生态系统企业竞争和行业发展的非传统视角，厘清了互联网商业生态系统的轮廓和框架，认为互联网商业生态系统是以互联网经济为中心，超越地理界限，各种类型的互联网企业之间、企业与用户之间、企业与外部组织及环境之间相互作用而形成的统一的不断进行交互的有机整体。本节从 3 个层次总结了 8 个系统基本特性，并从创新度、完整度与丰富度等维度对系统的健康程度进行评价。

# 一、引言

经济新常态之下，互联网已经成为中国经济巨轮的重要发动引擎。CNNIC 的最新统计结果显示，中国互联网用户规模在 2015 年 6 月达到 6.68 亿，互联网普及率接近 50%，为 48.8%。另外根据艾瑞咨询的统计数据，2014 年中国互联网经济规模达 8706.2 亿，近 3 年年均增长 49.9%，远高于同期我国 GDP 年增速。如此大的用户基数，如此活跃的经济力量，正成为中国经济的新机遇、新亮点和新增长点。与此同时，如何看待活力十足、不断创新和融合的互联网行业和互联网企业，是今天理论界和实践者共同面临的一个重要课题。

20 世纪 90 年代，美国管理学家 Moore 把生态学上的理论引进对商业的描述中，颇有创造性地提出"商业生态系统理论"。Moore 指出，企业在谋划自身发展战略时，越来越需要重视其外部关系，包括企业与企业之间、企业与环境之间的交流、联系和相互作用。商业生态系统理论客观上为我们观察和探究互联网行业发展，提供了一种崭新的角度。

在互联网经济蓬勃发展之时，互联网商业生态系统应该怎样定义，又有哪些独特特征和内涵，关于这些问题的研究和探讨则显得迫切和意义重大。

# 二、理论回顾及概念界定

### 1. 商业生态系统理论回顾

1935 年，英国著名生态学家 Tansley A GR 基于个体、组织和环境相互作用，最早给出了生态系统的定义，认为"生态系统是一个系统的整体的概念，不仅包括有机复合体，还包括形成环境的物理因子的复合体，他们共同构成了一个有机的整体"。Tansley 对生态系统的定义是精准的，这为后来者从生态系统拓展到社会科学中的"生态系统"命题奠定了基础。

将生态学的观点应用到经济管理方面，最早源于 20 世纪 50 年代经济学家们提出的"经济进化论"。此后，进化、演进等生态隐喻在管理理论研究中日益受到关注和重视。1993 年，美国学者 Moore J. F.运用了生物生态系统的理论分析公司战略，首次提到了"商业生态系统"的概念，并第一次将其作为经济管理研究中的术语，从系统整体的高度对公司竞争的形态和特点作了新概括。Moore 指出，商业生态系统以组织和个体间相互作用为前提，是与自然界相类似的相互制衡、依存、协同研究的有机整体。价值的产品和服务的产生是系统存在的基础，消费者、供应商、生产者、竞争者以及其他各类直接和间接的风险承担者均为这个生态系统的成员。通过企业组织和环境的共同作用，商业生态系统不断随着时间的推移而继续演进。根据企业生态位、协同进化和自组织等理论基础，企业应主动作为有机体融入系统的发展当中。

1996 年，Moore 利用商业生态系统的理论依据，描绘了高科技公司的发展路径，得出了相互依存的商业物种共同进化以及整个系统持续进化的结论，并建立起理论框架。此后，学者们围绕系统的概念框架、基本规律和实践应用等方面展开研究。杜国柱等从学术视角进行分类，对国内外相应探究内容作了总结，根据《企业商业生态系统理论研究现状及展望》进行补充、修订。

时至今日，商业生态系统的理论研究不断得到行业和企业发展实践的验证，具有很高的理论和实践价值。首先它基于生态学的隐喻而来，打破了狭隘的商业竞争或企业竞争理论的束缚。其次，立足于生态学这一学科基础使得商业生态系统的理论有依据可寻，从整体性和系统性的高度考察企业的竞争、发展。

**2．互联网商业生态系统研究基础**

马云认为，阿里巴巴的成功首先是其在构建企业共生的生态环境上的成功。随着阿里巴巴、腾讯等互联网企业的崛起，业界和理论界对互联网生态系统的讨论也逐渐增多。1998年，Gossain"在 Moore 的基础上，认为由于互联网兴起后的网络化经济环境不断形成，组织间的连接性大幅增加，企业应基于对网络科技的利用，与伙伴及供应商积极合作，构建新的商业生态系统并创造新的价值。Mikel 等通过研究苹果、谷歌、微软、三星和亚马逊等互联网行业组织，在探讨互联网商业生态系统的基础上，引入表观遗传学的观点来描述其自身发展的"突变"与竞争环境。

回顾近年来国内互联网商业生态系统的文献，学者们主要对商业生态系统在互联网行业特别是电子商务领域，结合具体案例进行了应用研究。胡岚岚等利用系统理论来解释电子商务集群化发展，指出电商在关系、利益、信息和运作上的机制协同。除此之外，孙俊玲分析了电商生态系统中不同物种发展定位，认为在新的互联网环境下，传统电商企业和中间商均需要重新定位。周健良对不同类别的生态物种进行战略分析，指出企业要根据实际环境灵活运用、适时改变以取得持续发展。按照研究方法进行归纳，另外一些学者对互联网生态系统的探究分别运用了以下一些方法：价值链理论，代表人物如张向先、丁帅；系统科学与复杂系统，代表人物如梁嘉骅、李东明；社会网络，代表人物如俞宣伊。

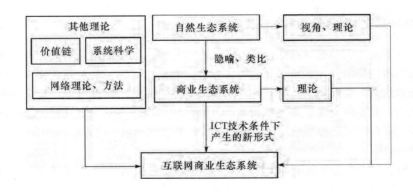

**图 3-2　互联网商业生态系统理论方法**

如图 3-2 所示，众多学者从研究方向和内容上将商业生态系统的概念由传统行业延伸至新兴的互联网行业，是对 Moore 的理论的新试验和新推进。然而，较少文献能够给出互联网商业生态系统完整的、清晰的定义，在相关概念的框架和理论内涵上的认识也并不统一。此外，学者们均围绕互联网商业生态系统某一子系统的物种构成、演进规律、物种策略和具体应用等进行了研究，缺少对系统整体性能特征的讨论。本研究通过对互联网商业生态系统进行定义，围绕系统的内涵，关注其内在特性、健康评价和演进趋势，从整体的高度明确了互联网商业生态系统的核心问题。

### 3. 互联网商业生态系统概念界定

首先需要明确的是，互联网商业生态系统从属于商业生态系统，是商业生态系统理论在互联网、移动互联网行业的拓展和延伸。Moore 指出，商业生态系统是以物种为基本构成、以相应客观环境为资源禀赋的经济群落。胡岚岚等对电子商务生态系统定义如下：众多有着紧密联系的企业、机构，基于互联网的平台，通过有效的形式进行优势互补和资源共享，结成了一个有机的生态系统。相关学者对互联网商业生态系统的定义并不统一，现有定义存在两个缺陷。第一，因研究角度差异，对互联网生态系统的定义局限于其子系统，没有从互联网行业的全局出发，对蓬勃发展的互联网领域作一个整体的生态性概括。第二，许多研究给出的定义侧重于互联网商业生态系统的物种组成及物种战略，对生态系统物种之间、物种与外部环境的关系及交互作用关注不够。鉴于此，本研究重点关注互联网商业生态系统的物种关联及与外部的信息流、资金流和物流交换，进而对系统进行定义：

互联网商业生态系统是一个以互联网经济为中心，超越地理界限，各种类型的互联网企业之间、企业与用户之间、企业与外部组织及环境之间相互作用而形成统一的不断进行信息流、资金流和物流交互的有机整体。

## 三、互联网商业生态系统内涵研究

### 1. 互联网商业生态系统基本特性及模型

学者们从不同方面总结了商业生态系统的基本特征。如吴建材认为，商业生态系统是多个共生关系形成的价值网，系统成员具有多样性，系统中关键成员及系统的交互作用对形成健康的生态系统具有重要意义。钟耕深等认为商业生态系统的特性可以用复杂性理论进行研究。本文认为，互联网商业生态系统根植于互联网的虚拟形态，同时具有生态系统、商业系统和复杂自适应系统等三种系统的一些基本特征，并表现出强劲的系统活力和系统创造力。

（1）整体性

Moore 根据生物生态学的基本规律，在 1996 年就指出互联网生态系统是一个具有完整结构的整体。

具体而言，这个整体既包括政策、行业环境等外部条件，还由多种相关物种组成，即包含极少数领导种群、少数关键种群，为数众多的支持种群和寄生种群。互联网商业生态系统中的物种与外部环境条件的关系如图 3-3 所示。

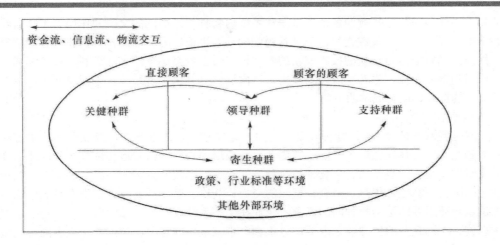

**图 3-3　互联网商业生态系统种群及环境关系**

领导种群——即以核心互联网企业为代表的系统资源领导者。领导种群在生态系统中占据中枢位置，发挥创造价值和分享价值的主要作用。领导种群通过提供系统平台、关键技术、行业标准和服务等，促进互联网商业生态系统中的资源的整合和协调，如提供应用下载平台的苹果公司，提供操作系统的微软公司等。

关键种群——即关键的互联网企业，主要包括一些提供关键应用、维系生态系统均衡的生产企业、供应企业，如进驻到阿里巴巴、淘宝等网购平台的各类企业。

支持种群——即互联网生态系统中发挥特定功能、提供特定服务的各类企业，比如物流企业、金融组织、电信设施提供商等。通过加入互联网商业生态系统，支撑种群获取远超过依靠单个企业竞争力能得到的利益。

寄生种群——即补充互联网商业生态系统各项服务功能的企业，比如营销服务企业、技术外包企业。这些物种寄生于互联网生态系统之上，参与系统的日常运作，与系统共同进化。

（2）多样性

Clippinger 等研究了商业生态系统内部的多样性问题。互联网商业生态系统通过自动调节，吸引物种进入。当物种多样性不断增加，生态系统的功能也不断进化。只有进入系统的物种数量足够多，系统的稳定、健康和演进才有保障。作为核心企业的阿里巴巴和腾讯，都通过吸引大量专业化供应商、金融机构、相关厂商，以及服务延伸而涉及的销售渠道、辅助产品制造商、专业化基础设施供应商，形成庞大的生态系统。生态系统中参与的物种类型逐渐多元化，它们的协同关联性逐渐增强，生态系统的稳定演进逐渐加速。

（3）演进性

互联网商业生态系统具有自然界生态系统中物种间相互依存、协同演化的发展机制。系统的演进性又称为协同进化，是指系统随着时间不断演进，经历诞生、扩展、领导、死亡或自我更新四个阶段。赵雪晴等以苏宁云商为例，说明了电子商务生态子系统具有共生互利、协同演进协调机制。更深入来说，生态系统中的企业会根据不同演进时期的外部环境、竞争关系作出不同的战略决策，采取不同的战略行为，以更好地保证自身的发展。此外，协同进化的特性还体现在相互依赖的各个子系统和系统内物种通过彼此的交流和作用，不断自我调整和平衡。在系统内，关键物种自身具备极强的动态平衡能力，因而具有自我调整和修复能力。然而，当行业内出现新的技术或新的商业模式后，容易颠覆原来的盈利、服务模式，渐渐形成新的核心企业，生态系统随之演进。协同进化给整个生态系统带来规模效应，促进了研发能力的提升、创新成本的下降。

（4）开放互动性

开放是互联网的 DNA，物种互动则是生态系统基本功能的体现。互联网商业生态系统的开放和互动主要体现在两个方面。首先，生态系统的均衡和日常运作依靠相互联系的物种之间不断发生交流。具体而言，物种与物种之间存在信息流、资金流、物流的运转，物种与环境之间也在不断进行信息、资金、资源的交换。其次，互动性还表现在生态系统中物种的生态位重合而引发的不同物种间的竞争。企业在生态系统及其产出品中所占据的特定位置称为生态位。不同企业的生态位趋近或部分重合会带来激烈的竞争，如生产和提供同种类型的产品、发挥同样的功能作用。基于互联网行业的变革和颠覆性，互联网商业生态系统中物种的竞争互动过程比一般传统行业进行得更激烈。通过这个过程，竞争力更强、生态位更宽的优秀企业最终留下，实现生态系统内的优胜劣汰。

此外，开放是互联网生态系统长远发展和稳定演进的重要基础，封闭将带来生态系统的衰亡。互联网生态系统的开放体现在生态系统的生物主体与环境不断发生着相互作用，比如政策影响生态系统的发展，而生态系统自身发展情况也对政策的制定产生影响。如果生态系统一旦封闭，生态系统的竞争力、创造力均受到损害，则不可能维持系统健康的进化。

（5）自组织和自适应性

互联网商业生态系统在一定范围内具有系统自组织和自适应性，并通过自发组织和物种自主适应不断进化。具体而言，生态系统中的企业发展必须围绕顾客需求来组织产品生产，同时因生产经营需要要求保持同其他相关利益主体的交换关系，根据外部环境的变化以及内部出现的问题不断进行自我适应。系统内部所有物种共同处于一个大环境当中，同时每个个体在各自的局部小环境中独立地进行着适应性学习。为了更好地生存和发展，物种不断根据环境和竞争态势调整自己的行为。另一方面，众多适应性个体的适应性行为又反过来不断影响和改变环境。如此循环，个体与环境就处在一个相互影响、相互作用的过程。

（6）价值性

互联网生态系统的兴起，归根到底是价值的驱动，本质是实现商业价值创造。只有把握"价值化"的精髓，通过不断创新的方式，才能形成物种的不断更新替代，以及生态系统的健康发展和演进。因此，生态系统核心价值链的不断深化、价值创造能力的不断提升是互联网商业生态系统持续发展的关键。

（7）稳健性

谭小蓓认为企业电子商务生态系统的子系统之间具有非线性关系，电子商务生态系统能根据外部环境变化不断进行适应，具有自主均衡性。本文认为，互联网商业生态系统的稳健性是指系统会及时对外部环境的变化表现出响应状态，从而保持系统内部的一定均衡，维持正常运作。稳健性主要来自两个方面，一是系统具有承载能力，即生态系统作为一个整体，能承受单个企业承受不了的破坏；二是系统具有恢复能力，能在较短时间内恢复原来状态。

当然，系统的稳健性是具有阈值的，一旦承载超过阈值，则系统功能无法恢复，系统将逐渐衰退。阈值的出现主要有如下原因：政策制度不适合互联网商业生态系统发展，与系统持续健康演进的基本要求相违背；系统开放程度不足，内部竞争过于激烈，资源过度利用并耗费殆尽；互联网商业生态系统受到严重污染，这里的污染主要指假冒伪劣商品、虚假广告、欺诈行为等频繁出现，影响消费者信心。

（8）涌现性

钟耕深指出，商业生态系统的复杂性体现在其出现的涌现现象中。当各个物种以及它们与外部的相互作用逐渐发展形成互联网商业生态系统时，系统将表现出原来单个物种均不具备的某些性质。这些性质只有在系统从较低层次逐渐向较高层次过渡时才表现出来，这种现象就叫涌现性。互联网商业生态系统的涌现是以系统相互作用为中心的，它比逐个单个行为进行的简单累加更为多样、更加复杂。互联网商业生态系统出现涌现性也说明这是一个复杂的自适应系统。

综上所述，互联网商业生态系统基本特性及模型如图3-4所示。

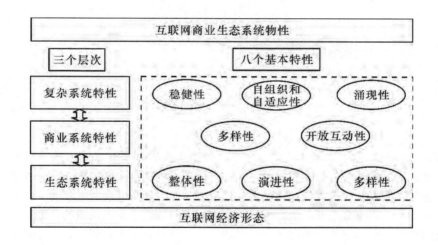

**图3-4　互联网商业生态系统基本特性**

### 2．互联网商业生态系统健康评价维度

互联网商业生态的形成、演进、更新是一个涉及生态系统内外大量组织和个体的复杂工程、系统工程。这其中一个十分关键的课题是，如何合理评估生态系统的健康程度，以及根据当前所呈现出来的内外部特征，探究该生态系统未来一个时期的发展趋势。目前在商业生态系统的健壮性上的研究较少，Marco在2004年提出从生存率、结构稳定性、可预测性、技术投入或退出程度以及延续性等五个方面来评估生态系统的健壮性。然而，基于互联网商业极度频繁的线上线下结合的资金、信息、商品交互，很难通过上述五个指标进行精准测度。互联网商业生态的健康程度到底如何衡量？一方面，回归到生态系统的最初理论框架

上，正如 Tansley 所描述的一样，生态系统的健康与否取决于系统物种多样性与生态链条的完整性，这两个指标是评价系统健康程度的关键。另一方面，基于互联网经济创造价值、创造生产力的本质，学术界和实践界均认为创新是互联网行业、企业兴起的关键因素。因此，综合相关说法，提出互联网商业生态系统的健康程度可从创新度、完整度和丰富度三个维度来进行进一步的讨论，如图 3-5 所示。

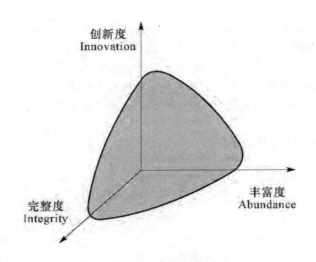

图 3-5　互联网商业生态系统健康评价维度

（1）创新度

创新是互联网商业生态系统的生命所系、价值所在。基于互联网生态系统的开放互动性，生态系统内领导种群位置仅相对固定，一旦出现一种新的商业模式，后来者将很快占据有利的生态位，并据此吸引大批追随物种和消费者。对于新晋互联网企业而言，商业模式和盈利模式的创造显得十分重要。生态系统的创新能力，体现了生态系统的强健性。生态系统的创新能力越强，则对交易成本的降低幅度越大，越具有竞争力。创新能力也带来生态系统内更加稳固的物种关系，产生了生态系统内良好的可预见性和行为的一致性，保持了系统均衡，为系统演进储蓄和提供能量。

（2）完整度

生态系统是重视完整性的，一个生态系统只有覆盖了更广泛的行业领域，不断延伸其边界，才能在生态链条上具有完整性，才谈得上是一个健康的商业生态系统。互联网商业生态系统在完整度上的要求更加明显也更加苛刻。近两年来，李克强总理多次提及"互联网+"战略，并把推动其实施作为适应和把握"经济新常态"的一个重要抓手。实际上"互联网＋"是互联网商业生态系统从消费互联网向产业互联网的延伸，互联网商业生态系统将与各个行业的发展融合。未来，覆盖各行各业的互联网应用将是经济持续增长的重要支柱。生态系统在生态链条上的完整，可以通过生态系统内部物种自建的方式形成，也可以以并购、收购、入股等方式吸纳其他物种而完成。

（3）丰富度

如果说完整度是从生态系统的广度来描述其健康状态的话，丰富度就是从生态系统的深度来进行评估。丰富度既指互联网商业生态系统内物种的丰富程度，又指系统内技术、流程和制度的发展水平及完善程度。一个健康的生态系统必定会吸引类别众多、作用各异的物种进入，参与到系统的运作当中。而高度发展的信息化技术以及技术背后高度丰富完善的制度安排，则大幅降低生态系统内的交互成本，确保系统内部平衡及协同进化。

### 3. 基于健康评价维度的系统演进趋势分析

与自然生态系统类似，互联网商业生态系统时刻在进行着演进。从总体上看，互联网商业生态系统未来将怎么进行演进呢？从创新度、完整度和丰富度的维度看，互联网商业生态系统的发展趋势将是曲折向前的，随着三个维度水平的提升，系统的基本功能和创造能力将不断增强，如图3-6所示。

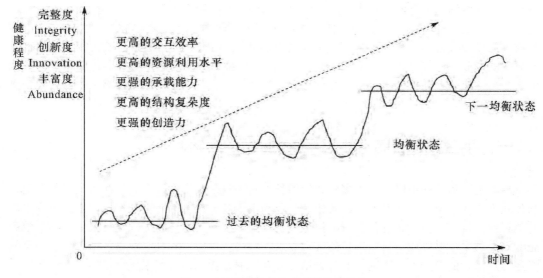

图3-6　互联网商业生态系统演进趋势

## 四、结论

通过生态学这个传统商业理论之外的视角，基于前人学者研究的理论基础，总结了互联网商业生态系统整体性、多样性、演进性、开放互动性、自组织和自适应性、价值性、稳健性、涌现性等八个基本特性，并从生态系统、商业系统和复杂系统的角度对其总结归纳，创新地提出特性模型。此外，通过对以往文献的综合评述，提出从创新度、完整度和丰富度等方面来评价互联网商业生态系统的健康程度，并据此对互联网商业生态系统的演进趋势进行了描绘，具有一定的理论价值和实践指导意义。在今后的研究中，将更多地结合实证分析来对互联网生态系统的健康程度和演进表征进行评估。

# 第五节　平台型电子商务生态系统的协同创新

## 【本节论点】

电子商务生态系统在国民经济发展中起到了积极推动的作用，但同时也出现了很多新的问题，致使电子商务生态系统的发展陷入困境。本文就电子商务生态系统呈现出的若干问题，构建了平台型电子商务生态系统协同创新模型，以天猫商城生态系统为例，分析其协同创新的构成因素以及与协同创新绩效之间的关系。

电子商务行业自 20 世纪末进入中国市场，经过二十年的发展已经成为国民经济重要组成部分。根据中国电子商务研究中心显示，2015 年中国网购用户人数达到 4.6 亿人，比 2014 年增长 21%。2015 年网络购物交易规模达 3.83 万亿元，比 2014 年增长 35.7%。2015 年网络零售市场交易规模占社会消费品零售总额的 12.7%，比 2014 年的 10.6%增长了 2.1%。电子商务的爆发式增长不仅是"互联网+"时代下中国经济转型升级的缩影，更显示出中国经济强大的生命力。未来，随着物流、信息沟通等短板的逐一补齐，电子商务无疑将成为国民经济重要的支柱产业。

## 一、平台型电子商务生态系统的概念与结构

随着电子商务在中国呈现出爆发式的增长，它不只是买卖双方交易的简单电子化，而且与传统产业相互影响、相互渗透，对传统产业和电子商务产业都有推动作用。在此过程中，其他行业机构如电信、银行、物流、担保等也逐渐围绕网络客户的需求进行聚集。单个电商企业已经越来越难以应对日益增长的客户需求，势必会出现一种既掌握电子商务特点，又能满足客户需求的第三方互联网企业。以第三方互联网企业为核心，聚集大量的买方和卖方，吸引众多的电商所需要的机构参与其中，进而形成平台型电子商务。

平台型电子商务是由专业的电子商务开发商（运营商）构建电子商务平台，买卖双方通过这个集认证、付费、安全、客服和渠道于一体的统一平台为其提供相关服务完成交易的商业模式。平台本身不从事交易业务，它作为交易服务的中心吸引有关个人或企业参与，为他们的网上交易提供配套服务，集成需求信息和供应信息、撮合买卖双方。通过互联网连接，以电商平台为中心，群体规模效益集聚，形成了巨大的电子商务生态群落。在此过程中，随着参与的行业机构越来越多，这个生态群落所呈现的多元化和协同关联性越来越强，从而逐步形成了一个完整的生态系统。

在平台型电子商务生态系统中，各"物种"成员按其功能可划分为三类：领导种群、关键种群和支持种群。领导种群是整个生态系统资源的领导者，通过提供平台以及监管服务，扮演电子商务生态系统中资源整合和协调的角色；关键种群是电子商务交易主体，是电子商

务生态系统其他物种所共同服务的"客户";支持种群是网络交易必须依附的组织,包括物流公司、金融机构、电信服务商以及相关政府机构等。

## 二、协同创新的概念与要素研究

协同学起源于 20 世纪 60 年代,指系统在联系、发展过程中其内部各个要素之间的有机结合,即系统中各要素或各子系统之间的相互协作。

创新是一个应用广泛的概念,对它从经济学和企业经营的角度系统做出明确论述的是熊彼特。他的创新是广义的创新,既包括了技术创新又包括了非技术创新。协同创新的诞生源于将协同学的基本观点和理论基础应用于技术创新领域。

协同创新系统由以下几个基本要素构成:技术、战略、组织、文化、制度、市场。其中技术是整个创新系统的核心要素,其他要素和技术要素之间互相影响,产生创新。组织结构以及制度是创新系统的外在表现形式,而组织文化以及战略则将协同创新系统中各个组成部分有机结合起来,使之成为一个整体。

自电子商务行业开始兴起,某些平台型电商企业借助自身优势在行业中占据领先地位,如天猫商城生态系统和聚划算生态系统。但由于我国电子商务基础较为薄弱、网上交易配套业务尚不健全等一系列原因,平台型电子商务生态系统协同创新不足的问题逐渐显现出来。由此体现在平台型电子商务生态系统核心企业中,即领导种群不能有效协调自身与供应商、服务商、消费者等各参与方有关利益、技术、关系、战略等方面的问题,从而难以整合、不能最大化地利用生态系统自身拥有的资源、信息等。这对电子商务生态系统的有序成长是极为不利的。

电子商务在人们的生活中日益重要。确保电子商务行业的健康发展,就要重点优先解决电子商务生态系统内各参与者之间的有效协调。

## 三、平台型电子商务生态系统的协同创新模型构建及假设

平台型电子商务生态系统协同创新就是一系列关系密切的电子商务企业,不受地理位置、时间和空间制约,围绕核心的平台型电商企业,通过协同合作、资源共享等方式构建的生态系统在技术、组织、市场、战略、文化等方面为实现自身的运行、发展进行的创新。

通过对文献的整理和回顾,技术、市场、组织、文化和战略协同显著与平台型电子商务生态系统协同创新绩效呈显著正相关。基于以上分析建立了平台型电子商务生态系统协同创新的假设模型。

在假设模型中,通过对影响平台型电子商务生态系统协同创新的因素进行研究,分析相关因素对协同创新绩效的影响,进而探索平台型电子商务生态系统协同创新机理。通过借鉴现有对电子商务生态系统以及协同创新机理的研究,对此模型做出如下的假设:

假设 H1:技术协同与平台型电子商务生态系统协同创新绩效显著正相关;

假设 H2:市场协同与平台型电子商务生态系统协同创新绩效显著正相关;

假设 H3：战略协同与平台型电子商务生态系统协同创新绩效显著正相关；

假设 H4：文化协同与平台型电子商务生态系统协同创新绩效显著正相关；

假设 H5：组织协同与平台型电子商务生态系统协同创新绩效显著正相关。

## 四、实证研究

本文选取天猫商城生态系统作为研究对象。2008 年 4 月，淘宝商城上线，于 2012 年 1 月更名为天猫商城。自 2012 年开通"双十一"节后，天猫商城每年的交易额都呈现大幅度的提升，从 2012 年的 2120 亿元飞涨到了 2015 年的 11480 亿元，B2C 市场占有率保持在 55% 以上。

为了确定协同创新的构成因素以及绩效的维度，本文结合国内外相关理论和已有的成果设计了调查量表。由于问卷中大部分问题无法直接用数量来确定，所以采用李克特 5 分量表。1 表示非常不同意，5 表示非常同意。问卷发放采用电子问卷和纸质问卷相结合的方式，其中电子问卷发放 350 份，回收 201 份；纸质问卷发放 104 份，回收 42 份。在回收的 305 份问卷中，剔除无效问卷 50 份，以此结果建立相应数据库。

借助计量分析软件，测量 255 份有效问卷中的变量因素，得出变量都具有较高的信度和效度。为了验证上节的假设，建立如下模型：

模型 1：财务绩效=$\alpha_0$+$\alpha_1$技术协同+$\alpha_2$市场协同+$\alpha_3$战略协同+$\alpha_4$文化协同+$\alpha_5$组织协同

模型 2：产出绩效=$\alpha_0$+$\alpha_1$技术协同+$\alpha_2$市场协同+$\alpha_3$战略协同+$\alpha_4$文化协同+$\alpha_5$组织协同

模型 1 中，文化协同和战略协同与财务绩效没有显著的相关性，没有进入回归方程。调整后的判定系数 $R^2$ 为 0.489，说明解释变差占总变差的 48.9%，F 值为 78.126，显著性概率为 0.000，模型 3 的总体回归效果是显著的。在模型 2 中，文化协同和战略协同与产出绩效没有显著的相关性，没有进入回归方程。调整后的判定系数 $R^2$ 为 0.458，说明解释变差占总变差的 45.8%，F 值为 73.850，显著性概率为 0.000，模型 2 的总体回归是显著的。根据回归分析结果，协同创新构成因素与协同创新绩效的回归方程为：

财务绩效=技术协同*0.303+市场协同*0.208+组织协同*0.232

产出绩效=技术协同*0.245+市场协同*0.259+组织协同*0.261

## 五、结论

本文借助计量软件对平台型电子商务生态系统协同创新的模型进行分析，通过因变量和自变量的分析，对模型中的假设进行了验证，得出了协同创新绩效与自变量的回归方程。

根据回归方程判定，技术协同、市场协同和组织协同在不同程度上与绩效正相关，而文化协同和战略协同则没有与绩效有相关性。因此假设 H1、H2 和 H5 部分通过，而假设 H3 和 H4 则未能通过。

在此模型中，文化协同和战略协同对协同创新绩效的显著正相关并没有通过，即正相关不显著或者不存在。究其原因，可能是在平台型电子商务生态系统内，参与创新的主体较多且不同创新活动的主体不同，同时部分创新活动持续时间短，就导致了文化协同与战略协同在平台型电子商务生态系统内与协同创新绩效未产生显著正相关性，留待以后加以研究验证。此外，本文并未就协同创新能力对协同创新构成因素与协同创新绩效之间的中介效应进行探析，这也将在后续的研究中得以实现。

# 第四章　电子商务生态系统的
# 共生模式和协同发展

## 第一节　电子商务生态链互利共生机制

### 【本节论点】

　　随着互联网技术和计算机技术的兴起，越来越多行业的发展逐渐依赖互联网和计算机技术。电子商务是近年来新兴的产业，由于电子商务的方便快捷等优点得到人们的十分重视。但是，电子商务的发展年限较短，而市场一直处于不断发展变化之中。为了保障电子商务生态链的和谐稳定发展，使生态链中各方获得共同繁荣。本文为使电子商务生态链互利共生提供发展策略，并进行研究分析。

　　电子商务作为一种新型的交易模式，在市场经济背景下得到了广泛的认可和发展。一方面，对于个人而言，电子商务的兴起给人们购物带来了方便。另一方面，电子商务的发展为企业的发展提供了新的机遇。因此，近年来，电子商务呈现不断繁荣的趋势，主体数量不断增加，类别也不断更新。因此，在市场经济的背景下，电子商务的发展也面临着巨大的挑战。随着电子商务的发展，逐渐形成了网络信息生态链，简称电子商务生态链。在其面临巨大挑战，并且市场经济不断变化的情况下，保证电子商务生态链的和谐稳定发展成为重中之重。本文旨在促进电子商务快速稳定发展，以保证其生态链的互利共赢为目的，对其发展模式进行研究，分析了电子商务生态链互利共生的发展机制。

## 一、电子商务生态链

### 1. 电子商务生态链理论知识

　　"生态链"最初是源自生物学中的概念，如今，为了更好地研究电子商务发展模式；将生态链的概念引入到电子商务发展系统中，产生电子商务生态链的概念。电子商务生态链是指将整个电子商务系统作为一个生态系统看待，电子商务系统中各子系统分别扮演着自然生态系统中的生产者、消费者和分解者的角色。并且在其中各子系统之间是以利益为纽带而形成的一种相互依存的较为稳定的关系。

作为电子商务生态链中的主体，供应商、服务商和消费者是不可缺少的部分，扮演着生态系统中的各种角色。电子商务的这三个主体也是电子商务生态链中最为主要的结构。其中，供应商作为产品的生产者，为整个电子商务运作系统提供源源不断的产品，为电子商务的发展提供必要条件。消费者是产品的使用者，是使电子商务获得发展成为可能的关键。消费者大体可以分为几种类型，分别是电子商务产品的暂时接收者或产品再加工者、电子商务产品的使用者、电子商务产品的流通者、电子商务产品的第三方流通接收者以及电子商务产品的最终消费者等。电子商务生态系统中，最后一个主要的主体是服务者也可称作是传递者，是介于电子商务产品生产者和消费者之间的第三方平台系统。为电子商务产品的生产者和消费者之间建立联系，具体来说，电子商务产品的服务者作为一个第三方平台，消费者通过此平台对需要的产品进行浏览最终形成订单。在电子商务服务平台中需要注意的是，该平台的功能不仅要满足消费者和生产者相互联系，还需要满足消费者浏览产品、形成订单、进行网上支付等要求。

电子商务生态链的互利共生发展是指作为电子商务生态链上的各方在一个和谐稳定的环境下互利共赢，获得共同发展的状态。

### 2．电子商务生态链的结构模式

如今，随着互联网技术的不断发展，电子商务作为新兴的产品销售模式，已经获得人们的普遍认可，得到了广泛的发展。电子商务的生态链经过不断发展，目前已经有了一定的结构模式，其中比较常见的有单条电子商务生态链结构和多条电子商务生态链结构。单条电子商务生态链结构又分为一般电子商务生态链结构和特殊电子商务生态链结构。单条电子商务生态链结构相对简单，其中每个主体只承担该主体本身的职责，不再另外用作其他用途。多条电子商务生态链结构的结构相对复杂。在多条电子商务生态链结构中，每个主体不仅担任着原来的职责，也可能扮演着另外的角色。比如，作为多条电子商务生态链结构中的服务商，其不仅扮演着服务商的角色，也有可能在另一条结构中扮演着供应商的角色。

### 3．电子商务生态链的类型

随着时代的进步，经济的不断发展，生活水平等各项条件不断提高，电子商务也在不断发展。如今，电子商务的生态链不断完善，现有的电子商务生态链已经有多种类型。按照电子商务的主体类型，可以分为个人、企业和政府参与型。具体来说，分别用 C、B、G 表示个人、企业和政府，则可将电子商务生态链的类型分为 B2B、B2C、B2G 和 C2C 型，分别代指企业对企业的电子商务生态链类型、企业对个人的电子商务生态链类型、企业对政府的电子商务生态链类型和个人对个人的电子商务生态链类型。按照电子商务的信息平台又可将电子商务生态链类型分为淘宝、天猫、京东、当当等类型。

## 二、电子商务生态链互利共生优化原则

电子商务企业是一种新型的交易模式，发展范围之广、影响之大不得不承认。但是，其

发展经历较短，为了使得电子商务企业更好地为人们服务，也为了使电子商务企业健康良好发展，本节研究了电子商务生态链的互利共生机制。

### 1. 电子商务生态链互利共生优化

①结构完整原则

电子商务在发展过程中已经逐渐形成了一个稳定的生态链系统。如同自然生态系统一样，只有保持完整的生态结构才能使各物种平衡长久发展，否则，人为地对自然生态系统强加干涉，无论破坏了生态系统中的哪一个物种，都会使得整个生态系统崩溃。电子商务生态链也是一个完整的系统。因此，为了使得电子商务生态链互利共生发展，应对其进行研究。电子商务生态链互利共生的优化原则之一就是保持完整性，即保持各主体通过一定的连接方式构成一个完整的电子商务生态链，其中构成电子商务的各主体和生态链缺一不可。

②互利共生原则

互利共生原则是本文研究的重点，是展开讨论的前提。也是电子商务生态链长久持续发展的最重要的原则。互利共生是指电子商务生态链上各主体之间保持彼此和谐稳定、相互合作、适当竞争发展的关系。同在一个生态链上的电子商务各主体之间不仅要相互协作，相互合作获得共同发展，还要彼此保持适当的竞争关系。因为适当的竞争可以提高电子商务企业的工作积极性，使得各主体在电子商务生态链下高效地运行。但是，竞争要适度，过高过低的竞争都不适合电子商务企业的发展，过低的竞争达不到促进电子商务企业发展的目的。过高的竞争关系又会导致很多电子商务企业陷入恶性循环，最终导致不良竞争的关系。因此，为了电子商务企业的长久稳定发展，在研究电子商务生态链互利共生发展机制时，必须把互利共生原则作为最基础的原则之一。

③可持续性原则

21 世纪人类发展讲究可持续原则，电子商务生态链系统的发展也一样，必须满足可持续性原则。电子商务生态链的可持续性发展原则是指在电子商务生态链中的各主体或个人共同追求利益的最大化，并且在发展过程中电子商务的发展不能以耗尽电子商务资源和电子商务生态环境为代价，不能破坏电子商务生态系统的平衡。电子商务生态系统的可持续性发展不能以破坏生态平衡为代价，而要利用现代计算机技术和网络技术及各种电子商务资源，建立平衡稳定的电子商务生态链。

### 2. 电子商务生态链互利共生优化模式和策略

（1）电子商务生态链互利共生优化模式

电子商务生态链有两种状态，分别是平衡状态和失衡状态。而本文要研究的电子商务生态链互利共生就是电子商务的平衡状态。电子商务生态链的平衡是指在整个电子商务生态链中各主体之间处于平衡稳定的发展状态下合作共赢，互惠互利。因此，分别从电子商务生态链的三个主体入手，研究电子商务生态链的互利共生模式。

①供应商平台电子商务生态链的优化模式

供应商平台电子商务生态链的优化是指以卖家为主体的生态链系统的优化。在卖家平台电子商务系统中，电子商务的生产者也就是卖家。通过简化电子商务生态链可以对其进行优化。具体措施为，每个供应商直接向生态链中的消费者进行销售，省去了第三方平台的中间环节。现实中如12306火车票网上电子销售平台、香奈儿官方网店专卖平台等，这些都是直接以供应商为主体的电子商务生态链系统，通过直接向消费者销售，省去了第三方服务平台，简化了电子商务生态链结构，使得电子商务生态链系统更加趋向稳定平衡。

②消费者平台电子商务生态链的优化模式

消费者平台电子商务生态链模式是指以买家为主体的电子商务生态链系统，是以消费者所有的电子商城为电子商务生态链的服务网站。在消费者平台电子商务生态链系统中，消费者利用自身的电子商城进行购物消费，在这种平台中消费者取代了传统电子商务生态链中的第三方服务平台，简化了电子商务生态链的结构。消费者平台电子商务生态链模式与供应商平台电子商务生态链模式相同，只需要由买方和卖方两者共同构成。

③第三方平台电子商务生态链的优化模式

与上述两种电子生态链的优化模式相比，第三方平台电子商务生态链的优化模式不需要改变传统的电子商务生态链结构。在第三方平台电子商务生态链模式中，电子商务的主体有供应商、消费者和第三方电子商务网络服务平台，缺一不可。而第三方平台电子商务生态链的优化模式就是充分利用第三方服务平台，建立供应商与消费者之间的联系。目前比较常见的第三方平台电子商务生态链系统有淘宝、天猫、京东、唯品会等电子商务平台。第三方平台电子商务生态链的优化模式的优点是其服务平台有专业的管理能力，通过专门管理各供应商和消费者之间的电子商务交易，提高电子商务的交易效率，规范电子商务的交易模式。

（2）电子商务生态链互利共生优化策略

电子商务生态链是由电子商务主体和电子商务链共同构成的一个完整的系统。因此，在其互利共生优化的过程中，可以分别从电子商务主体和电子商务链以及电子商务运行环境三方面进行优化。

①电子商务主体优化策略

电子商务主体是电子商务最直接的参与者，是电子商务利益的直接相关者。在电子商务主体优化过程中通过提高主体自身质量、加强各主体之间的交流合作等方式对电子商务生态链进行优化。提高各主体自身质量可以避免一些不良电子商务企业恶意扰乱整个电子商务生态链的发展模式。加强各主体之间的交流合作可以实现资源共享，提高电子商务生态系统的工作效率。

②电子商务链优化策略

电子商务链与电子商务主体相同，都是电子商务生态链系统中不可缺少的一部分。对电子商务生态链的优化，就是通过电子商务生态链自身的种种优化使得整个电子商务生态链得到互利共生发展的策略。其中，电子商务生态链优化的方法有设计多种子系统的连接方式和确定适当的电子商务链的长度等。过长或过短的电子商务链都不利于电子商务生态链的平衡稳定发展。

③电子商务生态环境优化策略

如同人的生长一样，电子商务生态链系统也处在一个特定的环境中。优化电子商务环境使得电子商务生态链系统能够互利共生、长久稳定发展。电子商务生态环境可分为内部环境和外部环境。在电子商务生态的内部环境优化中，主要是构建良好的电子商务企业竞争环境。而电子商务生态的内部环境优化主要是建立良好的电子商务购物环境。

# 第二节　电子商务生态系统的共生模式

## 【本节论点】

本节界定了电子商务生态系统的基本内涵，探讨了电子商务生态系统的共生关系和结构，基于共生单元利益关系和共生单元交易频率的二维视角，对电子商务生态系统的共生模式进行了分类、总结，并对各共生模式的演化路径进行了预测分析。

## 一、电子商务生态系统的共生关系与结构

### （一）电子商务生态系统的共生关系

共生是指两个不同物种的有机体密切地结合在一起，在共同的生活中双方均获得利益，但彼此不能分开单独生存。共生的结果，往往使双方更能适宜环境，从而促进了生物的进化。共生不仅是一种生物现象，也是一种社会现象。共生系统的基本要素包括共生单元、模式和环境。共生单元是指构成共生系统的基本组织单位或能量生产、交换环节。共生模式是指共生单元的相互联系、相互作用方式。共生单元间的作用关系是基于共生环境而发生的。相对而言，共生单元和共生关系属于内生变量，共生环境则属于外生变量。

电子商务生态系统的本质是企业及各参与主体间一种长期、全面的共生合作关系，以实现竞争效益和环境效益的双赢。本文认为，所谓电子商务生态系统，就是在基于现代信息通信技术的新商业文明建设环境下，电子商务平台、平台合作企业（包括产品供应商、金融机构、物流公司、软件服务商、广告服务商、认证机构等）、平台用户（包括电子商务平台上的买卖双方）、政府、行业组织等电子商务生态系统共生单元之间，基于一定的组织和行为模式形成的共同进化体。在该共同进化体内，各共生单元通过优化合作，实现电子商务及其相关产业的最佳综合效益和可持续发展。

### （二）电子商务生态系统的共生结构

基于电子商务生态系统运行模式的实际状况和关键要素，可将围绕第三方电子商务服务平台建设的平台提供企业、平台合作企业、网货生产和供应企业、平台用户等看成是电子商

务共生体的基本共生单元；其他共生单元中，政府、行业组织等为电子商务服务平台建设提供软硬件支持和政策扶持，高校、社会教育和研究机构等为服务平台建设提供理论、技术支撑，以及电子商务人才培训与供给，如图 4-1 所示。平台及平台上各主体之间基于物质、知识技术、人力资源、信息和金融资本等方面的交换，最终形成共生关系。

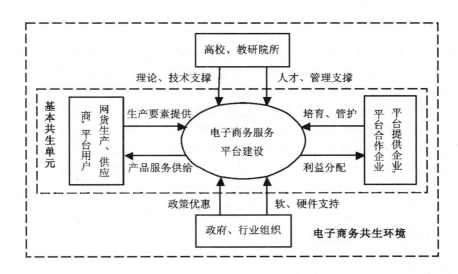

图 4-1　电子商务生态系统的共生结构

就电子商务生态系统的共生要素而言，微观层面的平台企业、网商等基本共生单元是共生体形成的基础，政策、市场竞争、消费者需求等环境是重要的外部条件，而体现共生单元作用方式的共生关系是关键所在。电子商务生态系统的共生关系处于动态发展之中，具体体现为一系列的共生模式。据此，本文基于各共生单元之间的利益关系和交易频率两个维度，对电子商务生态系统的共生模式进行探讨。

## 二、基于共生单元利益关系视角的电子商务生态系统共生模式

共生利益关系是电子商务生态系统发展的核心动力。从共生利益分配关系角度看，共生单元之间存在着不同的作用关系，具体表现为寄生、互利、非对称互利和对称互利等不同模式。

### （一）寄生模式

作为一种特殊的企业共生形式，寄生企业依靠寄主企业，但前者的物质消耗通常仅占寄主企业的一小部分。在电子商务生态系统中，网络交易平台上的营销服务商、小型软件服务

商、业务咨询服务商等与交易平台之间形成了一种"寄生"关系。从微观层面看，根据经济学的"理性"假设，企业只愿意长期为那些能够为自己提供回报的企业服务。因此，一方面这些寄生企业依托于电子商务生态系统而存在；另一方面，能够为网络交易平台或其他共生单元带来业务促进或收益，是这些寄生企业得以存在的前提。

### （二）偏利共生模式

偏利共生的特点主要表现在对一方有利而对另一方无害。在封闭系统中，偏利共生关系通常对获利方的进化起着积极的促进作用，而对非获利方的进化基本没有影响；在开放系统中，如果环境里存在着对非获利方的补偿机制，则非获利方会因此而得益。

在电子商务生态系统中，偏利共生模式表现为对线上网络平台企业有利，对线下传统企业也无害。即在网络交易平台发展的同时，线下企业既可以借助传统渠道发展业务，也可以借助相关网络平台加强网络营销渠道的建设。这种模式下，如果是大型行业企业自己建设交易平台，那么对该行业企业的传统业务发展有积极的促进作用；如果是传统中小型企业刚开始涉足电子商务领域，则需要设计一些补偿机制，例如平台使用免费或给予相关优惠等，对这些用户进行补偿，以保证该模式能够保持一定的稳定状态。

### （三）非对称互利共生模式

非对称互利共生模式的主要特点是：

（1）共生体中的共生单元基于专业分工（如物流、电子支付、网络营销、广告等）进行合作，产生新的价值增值活动；

（2）这类共生关系对电子商务生态系统中的各共生单元都有利，但其形成的新价值会因信誉、契约等共生媒介的作用而造成非对称式的分配结果；

（3）共生体中的信息、物质和能量交流，存在于电子商务生态系统中的各个共生单元之间，形成的是一种多边交流机制。

该模式的稳定性取决于两个基本因素：一是非对称分配的范围和程度。范围越小，非对称程度越低，则系统的稳定性越好。二是共生媒介的功能性质。如果共生媒介的功能越齐全、性质越稳定，那么共生单元之间的合作频率就越高、对共生单元的稳定作用就越强。

### （四）对称互利共生模式

电子商务生态系统的对称互利共生特点包括：

（1）以共生单元的分工、合作为前提，具有更高的物质、能量和信息生产及交换效率；

（2）共生媒介能保证系统价值在所有共生单元间实现对称分配；

（3）多边交流机制广泛存在于共生过程之中，从而大幅降低共生成本、提高共生成效。

对称互利共生相对于其他共生模式，其稳定性最为显著。电子商务平台和平台合作企业将因对称型的分配机制而保持较为理想的共生状态，并促进系统共生效率的大幅提升。但在实际运行中实现这一绝对的对称互利共生非常困难。

## 三、基于交易频率视角的电子商务生态系统共生模式

就共生单元间的交易频率而言，电子商务生态系统的共生模式可划分为点共生、间歇共生、连续共生和单体共生等不同形态。

### （一）点共生模式

作为一种松散型的共生模式，点共生的合作关系具有一次性、偶然性和不稳定性。例如，网货生产和供应企业会按照市场价出售产品，而网商则按照市场价采购，完全按照市场规则进行交易买卖，网络交易平台和物流企业之间同样如此。当然，随着市场环境的快速变化，网货生产和供应企业、物流企业以及各类延伸服务企业在共生关系形成之前，由于缺乏共生对象的足够信息，在寻找共生伙伴时并不具有特定的指向性，也不会唯一地依赖对方。

### （二）间歇共生模式

多个点共生关系，集合形成间歇共生模式。例如，不在交易或支付平台推荐之列的物流企业因各自的业务发展需要，通常会先进行松散型的合作，在一次合作结束而下一次合作尚未开始之前，双方对合作对象都不存在权利和义务关系。因此，合作企业间的共生关系不是持续式的，但因合作对象的特定指向性和相对稳定性，而不同于点共生关系。

### （三）连续共生模式

该模式中的共生单元表现出对相互合作关系能够长期、持续、稳固保持下去的较强意愿。由于相互作用关系的连续性和稳固性，连续共生模式能够促使整个电子商务供应链上的采购、生产、营销、流通、服务等节点企业形成较为稳定的联盟关系，形成具有内在凝聚力的共生体。

### （四）单体共生模式

前述三种共生模式都属于多体共生关系，单体共生的根本不同在于，平台提供商和合作企业等共生主体之间形成了一种独特、唯一的共生界面。这种一体化共生模式可以是高度一体化的单体型电子商务门户平台，平台企业拥有自己的交易、支付、软件、广告甚至物流事业部，各事业部之间紧密联合，但资金、物质、信息等要素都在共生体内流动，各事业部与环境的作用都基于共生体进行，从而形成一种最为稳定的组织关系。

## 四、电子商务生态系统的共生模式演化

基于共生单元的共生利益分配关系和交易频率两个视角，可以梳理出四类电子商务生态

系统的共生模式。进一步将上述两种分类进行组合，可以产生十六种细化的电子商务生态系统共生模式。需要说明的是，有些共生模式往往需要一定的条件才能存在，如寄生型共生模式；有些模式因稳定性差和利益分配关系的不均衡性而难以长期存活下去，如点共生、偏利共生等。事实上，电子商务生态系统的共生关系会按照一定的路径不断演进：

（1）从共生利益分配关系视角看，由寄生向对称互利共生方向进化。在此过程中，随着共生利益关系对称性的改善，电子商务生态系统中共生单元之间相互促进的程度将不断提高。

（2）在基于共生单元间交易频率的合作方式上，随着共生企业间合作关系稳固性的不断增强，电子商务生态系统中共生关系的管理成本将不断降低；但当前文所提及的单体共生的组织规模过于庞大时，共生系统的管理成本反而会有所上升。

因此，"连续性对称互利共生"是实现电子商务生态系统中各个共生单元"多赢"的理想模式。对于一个商业生态系统的健康状况，一般有三个判断标准：一是投资收益率；二是系统抵抗各种干扰和破坏的能力，可以根据系统中企业数量的多寡来判定；三是为数众多的中小型企业能否不断创造更多的细分市场。据此，要实现国内电子商务生态系统的"连续性对称互利共生"，一方面应大力扶持服务中小企业的第三方电子商务服务平台建设，支持中小企业的电子商务应用；另一方面又应当适度限制处于主宰地位的平台企业的垄断行为，变主宰型企业为生态系统中的骨干型企业；而作为共生单元中核心主体的第三方服务平台企业，也应结合市场需求，遵循相应的共生原理，以电子商务生态系统中的互利共生为目标，摒弃单纯地追求企业规模和自身效益的垄断增长模式，走一条可持续的共生之路。

# 第三节　基于生态学视角的平台型电子商务集群的共生演化

【本节论点】

近年来我国电子商务发展呈现鲜明的集聚化特征，然而目前鲜有基于互联网环境的平台型电子商务非空间集聚机制的相关研究。因此，本文基于生态学视角，借助生物种群增长的"指数型增长模型"以及 Logistic 增长模型构建平台型电子商务非空间集聚的演化模型，分析平台型电子商务集聚演化过程，从而揭示平台型电子商务集聚演化的基本规律和内在机理，以期推进商业集聚理论在网络环境的发展。同时，为平台网站如何扩大网站规模，有效促进集聚的良性发展提供科学的理论依据。

自 1995 年我国引入电子商务概念之后，随着互联网基础设施的不断发展与完善，电子商务得到了迅猛的发展。截至 2013 年 12 月，我国的网民规模达到 6.18 亿，其中网络购物网民规模达到 3.02 亿人，网络购物使用率提升至 48.9%。麦肯锡预计称，随着 3G 和宽带网络覆盖的扩张，中国网络零售市场规模到 2020 年增长至 2.7 万亿元～4.2 万亿元，相当于美国、日本、英国、德国和法国当今市场之和。由此可见，目前电子商务在我国已经步入高速发展的轨道，并正在成为推动整个社会经济加速发展的重要力量。

在我国电子商务发展的过程中，网络零售呈现鲜明的集聚特征。在网络零售市场上，虽然 2013 年 C2C 交易规模缩减到 64.9%，但仍占据主要交易份额。即使在 B2C 市场上，基于平台的天猫商城仍然占据了 50.4%的市场份额。与此同时，原本意义上的独立 B2C 电子商务网站，例如：当当网、京东商城等在近几年的发展中在自营业务基础上均呈现出了平台化集聚特征，即允许大量第三方经营者在其网站实现经营销售活动。

然而，目前已有研究成果鲜有基于互联网环境下的非空间商业集聚的相关研究。传统的基于空间集聚的商业集聚理论在互联网环境下，其适用性值得进一步研究。目前缺乏针对平台型电子商务集聚的动态特征规律的深入分析。同时，平台型电子商务集聚具有较为典型的生态系统特征。因此，本文基于生态学视角，借助生物种群增长的"指数型增长模型"以及 Logistic 增长模型构建平台型电子商务非空间集聚的演化模型，分析平台型电子商务集聚演化过程，从而揭示平台型电子商务集聚演化的基本规律和内在机理，以期推进商业集聚理论在网络环境下的发展。同时，为平台网站如何扩大网站规模，有效促进集聚的良性发展提供科学的理论依据。

## 一、平台型电子商务集聚的生态系统特征

生态系统是生态学研究领域的一个重要的结构和功能单位。它是指在一定的时间和空间范围内，各类生物之间以及这些生物与无机环境之间，通过能量的流动和物质的循环而相互作用的自然系统。1993 年，Moore 首次将生态系统的观点引入商业系统，提出了"商业生态系统"的概念。Peltoniemi 和 Vuori 在 2004 年进一步对商业生态系统进行了更加完整的定义，即"所谓商业生态系统，是一个动态结构系统，他是由具有一定关联的组织所组成的，商业生态系统既具有生物生态系统的特点，也具有复杂适应系统以及经济系统的特点，是由占据不同'生态位'的企业所组成的。这些企业的生态位是彼此相互关联的，若一个发生变化，其他包括合作者、竞争者和补充者等在内的相关者均可能发生变化。"商业生态系统与生物生态系统类似，生态系统中包括许多不同的种群，种群与种群之间存在竞争、互利、捕食（可将商业生态系统上下游企业间构成的价值链类比生物生态系统中的食物链）等关系。商业生态系统中的各种群彼此命运攸关：如果生态系统健康，那么所有参与种群都能够繁衍生息；如果不健康，所有参与种群都会深受其害。

目前已有研究表明我国电子商务呈现生态化现象，平台型电子商务生态系统，其成员间的相互关系具有显著的生态系统特征。首先，平台型电子商务活动中涉及的每一类成员都可以被看作是该生态系统的一个物种，不同物种个体的聚集形成种群。其次，在平台型电子商务生态系统中，不同物种之间通过价值链网相互影响并有规律地共处。最后，平台型电子商务生态系统中的"物种"成员按照其各自的定位被划分为领导种群、关键种群和支持种群三

大类。领导种群是整个生态系统资源的领导者，它通过提供适宜的基础设施、平台环境以及监管等服务，对电子商务生态系统中资源进行整合和协调，促使其他种群在该生态系统中聚集繁衍，该种群通常是指平台型电子商务企业；关键种群则是指电子商务交易的主体，包括网络消费者、网络零售商以及为网络交易提供增值服务的提供商等，这类种群的聚集是平台型电子商务生态系统活力的集中体现；支持种群是指网络交易的完成必须依赖的第三方支持服务提供商，包括金融机构、物流公司、电信服务商等，这些种群并非完全依赖电子商务生态系统而生存，但其集聚对电子商务生态系统的良性运行起着必不可少的支持作用，同时该类种群也可以从电子商务生态系统中获利。

因此，本部分研究从生态学视角，借鉴生物学研究工具对平台型电子商务生态系统中各类"物种"以及平台型电子商务的整体集聚演变趋势进行研究。

## 二、平台型电子商务生态系统中主要"物种"种群数量增长分析

### （一）生态学中的种群数量增长经典模型

种群的数量是指在一定空间环境中某个种群的个体总数。在研究种群增长过程中，通常会区分世代不相重叠的离散型种群增长和世代重叠的连续增长模型。世代不重叠的离散型种群主要是指种群各个世代不相重叠，如许多一年生植物和昆虫，其种群增长是不连续的，而平台型电子商务生态系统则属于世代重叠的连续增长模型。典型的种群连续增长模型有两种：

（1）与密度无关的种群增长模型

与密度无关的种群增长模型是假定种群在"无限"的环境中，即环境中空间、食物等排他性资源是无限的，种群增长率不随种群密度而变化，种群数量增长通常呈"型"指数增长。

（2）与密度有关的种群增长模型（Logistic 模型）

Logistic 增长模型有两个前提假设：

①该模型假定种群增长存在一个环境所允许容纳的最大种群规模，被称为环境容纳量，通常用字母 K 表示。

②模型假定种群的增长率随密度上升而成比例降低。

因此，Logistic 方程可以表述为：种群增长率是最大增长的实现程度与种群瞬时增长率的乘积。也就是说，在该模型下种群的增长状态及增长速度取决于两个关键的指标：种群瞬时增长率以及种群数量占环境容纳量的比率。

### （二）网络消费者种群增长分析

网络消费者种群在平台型电子商务生态链网中处于价值链（食物链）的最低端，没有捕食对象，因此，在电子商务生态系统中该种群的增长不受"食物匮乏"的限制。在环境资源及空间上可能影响网络消费者种群增长"最大容纳量"的因素主要包括：平台网站软硬件资

源的占用、网络带宽的占用、网络消费者群体总量、网民总量以及人口总量等。

首先，由于平台型电子商务企业的经营目标决定了他有意愿及动力根据网络消费者数量的不断增多而不断提高平台网站软硬件资源服务能力。其次，截至 2019 年 6 月，我国网络购物网民规模达到 6.39 亿人，占总人口数的 45%。网络消费者对于网民规模及人口总数而言，距离饱和状态还有相当大的距离，仍处于高速增长状态。因此，网络带宽的占用、网络消费者群体总量等限制，就目前而言不会对该生态系统中网络消费者种群增长产生影响。因此，平台型电子商务生态系统中，网络消费者种群的增长模型应使用与密度无关的种群增长模型。

## 三、影响平台型电子商务集聚演变趋势的关键要素

因此，如何提高网络消费者种群瞬时增长率就成为关键问题。上文分析中认为网络消费者种群的瞬时增长率应是网络消费者集聚意愿的函数。根据网络消费者集聚意愿影响机制研究结论，影响消费者集聚意愿的主要因素包括：感知搜索成本的降低、感知商品价值、感知的客户服务、感知的平台口碑、感知的商户组合。其中，感知搜索成本的降低是平台型电子商务集聚本身的优势所在，属于网络消费者集聚的内部驱动因素；其余因素则属于外部驱动因素，即平台型电子商务生态系统中其他种群通过个体或集体努力可以施加影响的集聚驱动因素，因此可以通过对这些外部驱动因素施加影响进而影响，网络消费者种群的瞬时增长率。

首先，网络零售商在网络销售过程中应该致力于提升商品整体价值。网络零售行业从发展初期至今，商家无一例外地通过低价格竞争策略抢占市场份额。我们应知道，消费者对于商品整体价值的感知不仅仅取决于价格，而是取决于价格和质量，或者价格与购买所带来的效用的综合考量，也就是通常我们所说的"性价比"。因此，网络零售商的低价格策略的真正意义应该是所提供商品或服务的"高性价比"策略。

其次，在网络消费者购物的整个过程中应提高网络消费者对于服务质量的感知，这是一个相对复杂的过程。网络环境中的销售活动与传统店铺销售有所不同，网络消费者在购买过程中感知的整体服务质量，是由网络平台提供商、网络零售商、物流服务提供商、支付服务提供商等多个主体提供的。因此，如何有效协调多环节服务环节，提高整体服务质量是提升顾客服务质量感知的关键。

再次，平台口碑的提升将通过降低网络消费者的风险感知而增强网络消费者向平台集聚的意愿。一个平台型电子商务网站的口碑是由平台型电子商务生态系统中除网络消费者以外的所有种群共同创造的，是由无法计数的个体口碑累积而成的。因此，平台口碑的提升是一个相对缓慢的过程。有效的系统成员激励及控制机制可以保证平台型电子商务网站具有良好的口碑，或向良好的口碑逐步改善。

最后，平台型电子商务网站应根据已有的用户数据进行分析，分析网络消费者在网站的浏览习惯和消费习惯，并以此为依据在平台型电子商务网站上对商户组合进行合理的调整和安排，增强网络消费者在此网站的集聚意愿。

# 第四节　电子商务价值生态系统的协同发展

## 【本节论点】

　　为了提高系统运行的效率和系统协同效应，电子商务价值生态系统必须进行协同发展。本文构建电子商务价值协同生态系统，从协同要素、协同结构、协同机制等方面进行协同发展。价值协同形成管理协同、知识协同、企业结构协同、用户协同和信息协同五个协同要素；实现"三个平台四个层次"的实体要素和虚拟信息要素相结合的协同结构。系统运行形成"四阶段三相变"的协同框架和自组织协同演化机制，最终提出相应的管理启示。

## 一、引言

　　基于云平台信息技术的信息共享、信息传递、信息使用和信息生态系统加速发展，随着价值创造的线性化转变为非线性的网络化，价值创造的目标和途径已经多样化，价值创造流程也网络化和动态化，这归功于信息时代大数据的贡献。电子商务进行协同创新发展是形势所迫，为了满足用户的各种需求，电子商务系统必须要对知识创新和商业模式发展进行协同管理。网络信息技术对商务运行的协同化运行起到推动作用，学术界已经进行了一定的探索。马士华建立信息协同机制 Supply-Hub，实现信息传输与共享实现各主体在物资人员资金的供求平衡，降低信息不确定性和信息偏差，实现系统协同价值。信息协同是系统内部和系统外部建立在信息协作基础上的，Stank 提出必须建立有效的度量才能实现企业之间信息协同。信息协同是物流协同和资金流协同的前提，胡岚岚等从关系、利益、信息、运作四个方面建立协调机制。张向先等认为信息协同是指运用协同学理论来解决信息加工和整合从而产生效应。在网络环境中，信息是关键要素，信息协同具有最重要的价值。

　　用户的需求是价值生态系统的起点。生产、研发、创新等活动的最终目的都是满足用户的需求。商务活动不是核心物种引发的，而是用户的需求和结构决定的，也决定这系统的协同过程和协同效应。Drucker 指出，用户的消费需求不是产品而是价值。Woodruff 提出，企业在向消费者提供价值的时候，必须提供优异的客户价值（Superior Customer Value），才能在市场中立足。用户的体验和消费在创造价值，代表人物有戈森、庞巴维克、萨伊等。Lepak对使用价值加以讨论，侧重于对用户需求的满足上。必须要将用户需要置身于知识协同和结构协同一体化的环境中。

　　在开放式创新模式下，国际上一些大型的跨国企业都成功地构建了平台驱动下的商业生态系统，权衡协同创新的风险和收益，并以此为依托，在激烈的竞争中迅速发展壮大，其优势地位难以超越。当前学术界关于云平台下协同创新的研究也取得了一定的进展。梁运文、谭力文结合信息要素流动的特点，从价值的表现层面和表现范围两个方面来构建商业生态系统价值结构。李先江提出面向用户价值创新与系统资源的概念模型，实现云平台下协同创新的目的。金帆通过传统价值用货币的形式表示交易的价值，真正体现用户的市场环境。相关学者的研究表明，在云平台环境下，从价值属性分析系统运行的用户目的，构建协同创新研究框架的必要性，也为本文价值协同框架的构建提供了思路。

通过以上的分析，要实现电子商务生态系统的协同化运行，必须推进系统从价值的内在属性推进协同发展。一方面是价值的内在属性；另一方面是生态的外在运行机制。综合起来就是价值生态协同，期望的协同效应才具有现实可行性和必要性。

## 二、电子商务价值生态系统协同的必要性

### （一）电子商务价值生态系统的内涵

（1）互联网环境下，电子商务价值生态系统是一种价值创造模式的创新。企业都在实现自身经济利益的最大化，利用价值内在属性和生态系统运行机制，以用户的需求为价值生态系统的核心，形成基于生态系统范式的价值创造模式。生态范式下具有价值创造和价值实现两个基本功能，利用生态范式，将两种功能有机结合起来。

（2）电子事务价值生态系统具有不同的层次，在不同的层次上具有不同的价值实现形式。核心企业构建价值生态平台，平台驱动实体要素和虚拟信息要素，信息要素发挥支持和独立运行的作用。价值生态系统按照不同的层次产生出不同的价值形式，不同子系统具有相对独立性和紧密相连的特点。正是因为不同的层次性，电子商务价值生态系统具有管理价值、信息要素价值、知识价值、企业结构价值、用户价值。

（3）在实现价值创造目标的同时，本文以 Amit 和 Zott 关于价值创造的衡量和来源的新颖性、效率性、锁定性和互补性四个方面作为系统的目标参量。电子商务交易效率是指交易活动的效率，追求每个交易节省时间和成本；互补性是指交易活动不仅仅是两个主体之间的交易，更多是指交易发生在更多主体、更多商品、更多层次、更多异质领域交易并实现互补；新颖性是指交易活动促进知识创新并将知识运用到生产和消费中，形成新的成员互动关系和系统运作方式；锁定性是指交易重复性出现，而系统的锁定性主要是系统的自组织运行。

### （二）电子商务价值生态协同的动因

电子商务价值生态系统的协同发展形成电子商务价值协同生态系统，同时进行的价值创造，属于生态系统范式共同创造价值，并由所有的主体享有。价值生态协同是真正在时间、空间、机制、目标和功能上有效结合，在互联网跨越时空约束的环境中进行价值创造，形成价值生态协同。

（1）价值协同降低交易的不确定性。电子商务包括虚拟要素和实体要素，尤其是虚拟的信息环境下，面临不同时空环境下的电子商务，活动过程和结果都具有很大的不确定性。协

同发展有助于降低时空运行的不确定性，提高行为主体的目标预期。生态系统的运营模式中，不同的运营和交易都集中在不同的平台特别是价值生态平台中，在平台中形成系统总体的目标、机制和动力，降低交易的不确定性和价值创造功效。

（2）价值协同降低交易费用和运行成本。电子商务价值协同生态关系的建立，彼此之间物资、知识、技术、信息、资金的交换从现实市场和虚拟网络的不稳定、不真实性、不信任交易变为价值平台驱动下的电子商务价值生态系统或者实体系统的可预期的交流和交易。生态系统可将交易纳入到一定的种群、群落和生态系统的生态组织内部运行，将组织之间或者组织与外部的交易纳入生态组织内部交易，生态组织内部的运行机制和沟通机制都按照生态机制进行，降低交易的搜索、谈判、信息传递等交易成本。

（3）价值生态协同提高价值创造的效率。"信息论"创始人 Shannon 提出，信息是增加电子商务价值生态系统的确定性，促进创新过程的机会。电子商务生态系统从系统内部构建动态稳定协调的价值创造机制和价值分配机制，提高价值创造的效率。虚拟信息价值协同体现虚拟经济下的虚拟生态市场，对价值生态系统特别是虚拟的信息价值生态系统进行协同，将极大提高价值创造的效率。

# 三、电子商务价值生态系统的协同要素

价值生态系统按照价值要素的不同可分为虚拟价值生态系统和实体价值生态系统，网络时代的价值创造分为实体要素价值创造和虚拟要素价值创造。对实体要素和虚拟要素都要进行协同，同时，还要面向系统整体的价值生态平台，实现对系统的实体要素和虚拟要素的管理协同。

## （一）管理协同

电子商务生态系统是实体要素和信息要素在平台作用下有机结合形成的，为了提高系统运行效率，系统必须要进行管理协同。管理协同是对系统实体要素和虚拟的信息要素的生态性协同，而系统的协同是在系统内部的序参量和外部的耗散结构共同作用下形成的自组织协同演化过程。序参量、耗散结构和自组织程度的相互结合，呈现层次性差序自组织协同能力，在最高层次形成价值生态系统，在价值生态平台下推进价值生态协同。

## （二）实体要素协同

经济学中的经济租金是指生产要素产生的收入超过要素的机会成本的剩余，经济租金意义上的系统价值包括垄断租金、李嘉图租金、熊彼特租金和关系租金四大类型。所有的生产要素在生产过程中所表现的超边际利润，是要素所有者获得的报酬超过要素在其他场合的机会成本。租金概念运用在生产要素上就是要素的超边际收益，要是运用在企业中就是超额的企业价值。罗珉等开始运用经济租金理论来研究商业模式；庞长伟等从成员间效用整合的角度，对基于价值创造的成员关系进行分析。电子商务生态系统的价值生态协同包括知识协同、结构协同、用户协同等，而在电子商务系统中，熊彼特租金、李嘉图租金和关系租金从形式和内容上来说，也是具有内在联系的统一的整体。电子商务价值生态系统是为了用户的价值，对最核心的知识要素进行创新和协同，在价值实现的过程中，以企业结构系统表示电子商务价值创造系统。文章利用经济租金理论来分析电子商务价值生态系统中实体要素价值创造过程，如图4-2所示。

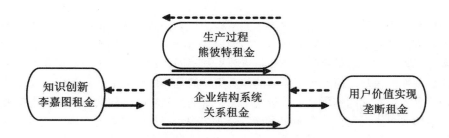

图4-2 基于经济租金的电子商务价值创造和价值实现

注：虚箭头和实箭头分别表示价值创造方向和价值实现方向，而在实平台和虚平台下的方向是相反的，所以箭头的方向是相对和相反的

## （三）虚拟信息要素协同

信息生态协同伴随系统全过程，特别是在价值生态平台层次的价值协同创造。基于云平台技术的信息共享、传递、使用，以及信息生态系统加速发展过程，信息生态系统对系统价值生态协同产生一定的协同作用。

（1）信息生态协同降低交易成本，系统范围内的重复共享低成本转让，更是降低了应用成本和交易成本。信息可以低成本甚至无偿复制和传播，边际成本低，信息加工、复制、处理、传递、重组、搜寻、分析都是价值生态系统协同的交易的主要成本，直接构成了交易成本。

（2）信息具有很强的外部性。正是因为外部性而产生主体外部性价值，最终形成系统范畴的价值，这种外部性价值在价值生态系统协同中形成信息生态协同。外部性导致了信息要素可以在不同主体不同时期重复或者低成本使用，增加了系统范围内的价值创造总量。信息贯穿在系统的全部，而信息协同也贯穿于系统全部，尤其是最高层次。信息共享和应用是价值平台对系统整体进行协同管理的工具，没有信息的协同，系统实体要素和实体组织的运行和协同是不可能实现的。

（3）价值生态系统中信息传播路径变化不拘一格，方式众多，形式灵活，主体多，目标多，没有受制于传统意义上按照的路径和模式进行信息传播。价值在传递的过程中有不同的路径，沿着不同的传递途径，就会有不同的目的、动力、动态性，这些都有助于系统中价值的传递和价值创造。随着价值创新的线性化转变为非线性的网络化，价值创造的目标和途径已经多样化，这归功于信息时代大数据的贡献，最终导致系统的均衡与演化。

（4）信息的传递和协同增加了系统的透明度，维护了系统的秩序和协调。Alexis 等分析得出，信息要素的传递和协同增加系统的透明度。系统只有维护一定的秩序和稳定，才能形成真正意义上的生态性，保持稳定和共生关系。

## 四、电子商务价值生态系统的协同结构

本文分析电子商务价值生态系统的协同结构，从实体要素和虚拟的信息要素两个方面进行。实体要素的结构协同，按照战略层、协调层、运行层和支持层次来进行，而虚拟的信息要素在实体要素层次中对信息的种类和特点要求却不同。价值生态平台层需要的信息更多是宏观性的协调性的信息，而运行层需要的信息更多的是操作性的信息。其中，在实体要素的战略层，信息要素发挥的作用最大。价值生态平台的战略层次面向实体要素和虚拟要素的生态协同；实体要素协调平台面向知识系统、企业结构系统和用户系统的协同，而运行层运行平台包括企业结构系统和用户系统进行企业生产和用户需求的供求平台协同。电子商务价值生态系统不同平台层次由不同的子平台构成，表现出不同的自组织程度，如表 4-1 所示。

表 4-1　价值生态协同的平台层次构成

| 战略层平台 | 价值生态协同（实体要素协同和虚拟要素协同） | 高级自组织 |
| --- | --- | --- |
| 协调层平台 | 实体要素共同协同平台（知识协同、结构协同、用户协同） | 一般自组织 |
| 运行层平台 | 企业结构系统和用户系统围绕生产和消费形成的平台：决策平台、生产平台、物流信息平台、物流运输平台、消费平台、网站平台、信息反馈平台、营销平台、网站管理平台、服务平台、支付平台、中介平台 | 自组织与他组织 |

现有的文献中对不同的要素形成的价值创造机制研究不足。电子商务价值生态系统是从价值属性构建生态系统进行价值生态创造和价值生态实现，而生态协同都实行不同层次的平台协同，平台表现为不同的层次。本文构建的生态系统范式，按照生态机制、生态层次、生态功能范式分析电子商务商业模式。既是有力的分析范式，也是价值创造的框架构建体系，能够解释跨层次动力机理和机制。电子商务价值生态系统是在实体性要素和虚拟的信息要素的共同作用下，并在价值生态平台进行战略协同，形成战略层、协调层、运行层和支持层，协同结构如图 4-3 所示。

（1）系统运行需要一定的硬件基础和软件基础。网络平台需要各种软件并对系统的信息要素在不同层次的虚拟要素创造和协同；而硬件基础需要对各种企业运行、用户的联盟的构建和知识创新、技术创新及他们的协同。软件技术主要包括各种电子化交流和传播技术、网络视频技术、标识代码技术、自动识别和数据采集 AIDC 技术、管理技术、销售时点信息系统 POS、用户信息反馈技术、自动订货系统 EOS、客户关系管理 CRM、用户信誉评价技术、标准化技术、业务流程的标准化、物流作业、网络金融支付技术等。硬件技术主要是指计算机硬件以及外部设备、物流跟踪技术、Web 应用程序构架，以服务器为中心，以各种固

定客户端和移动互联为终端。

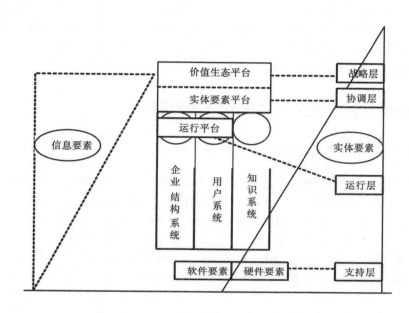

**图 4-3　电子商务价值生态系统协同结构模型**

（2）运行层次实现企业结构系统和用户系统之间的协作。企业为了进行生产必须要与供应商、销售商、竞争者、合作者、信息中介、金融机构和政府职能机构进行合作，但企业生产的产品在数量、款式和样式等方面未必符合用户的需求，导致竞争、资源浪费、效率低下等问题。由于实体性的企业和用户之间的协作没有知识要素，没有知识要素参与的系统，系统的自组织能力只能维持在低度的自组织运行。企业必须要和用户之间形成协作关系，同时，企业和用户为了实现生产与消费的协作，必须将消费信息、资金供求、主体参与等方面和企业进行具体的合作与协商，从而实现企业和用户的协作。

（3）协调层次实现对企业结构系统、用户系统和知识系统的实体要素协调运行，既包括三个实体要素子系统的协调，也包括每个子系统平台对本系统内的协调运行。当实体要素实现系统性协调之后，价值生态系统能够表现为自组织特征。由于缺乏信息要素的协调和虚拟要素价值创造功能，实体要素协调依靠刚性、具体的指令和适当的激励机制实现实体要素的协调。由于缺乏足够的信息要素的支持，系统难以实现真正意义上全系统的协同运行，系统自组织能力与价值生态平台相比要弱。

（4）战略层次实现系统整体的协同管理。电子商务价值生态协同属于在全系统范围进行的管理协同，包括实体要素和虚拟要素的全系统协同和管理。信息时代凸显人本的意义，行动者防止租金溢出的特有办法就是建立独立的价值模式和运行机制，防止被模仿。在信息要素作用下，企业、用户和知识的子系统都呈现生态化子系统，同时，多主体互动机制也呈现生态化，也就是互动机制、稳定性和平衡性。生态系统在结构上的演化机制中，表现为最高的耗散结构、最高的序参量驱使能力和最高的自组织运行能力。价值生态系统在战略层次能够将价值创造能力和价值协同能力进行有机融合实现价值最大化。"价值"方面需要识别各主体电子商务所表现出的大伞特征，在价值协同过程中，构建有效架构模型的步骤，既要形成要素协同机制，而且要在要素协同基础上建立系统价值平台协同机制。

## 五、电子商务价值生态系统的协同机制

### （一）电子商务价值生态协同机制框架

协同涉及知识、资源、行为、绩效的全面整合，在不同时空实现对主体、要素、过程和目标的竞争、协作、协调和协同。在协同实现的过程中，必须要经过一定的相变，正是相变推动着系统竞争、协作、协调和协同的演化过程。一个系统从无序向有序相变转化的关键在于：组成该系统的各子系统在一定条件下，通过非线性相互作用能否产生相干效应及协同作用，从而实现结构及功能上的有序化。电子商务生态系统实现协同的过程中，需要经过三大相变过程，也就是协作相变过程、协调相变过程和协同相变过程，最终实现价值生态协同。协同发展在主体维度上实现了竞争、协作、协调和协同，在要素维度上实现结构、用户、知识和价值逐渐深入的发展变化趋势，都会表现为信息化程度不断加深。随着系统层次的上升，信息要素进行价值创造，从而实现价值增值不断增加，同时，信息要素对实体要素的协调整合促进协同的贡献越来越大。电子商务价值生态系统在实体要素和信息要素作用下，并在不同平台层次中形成不同的协同机制，整体的框架如图4-4所示。

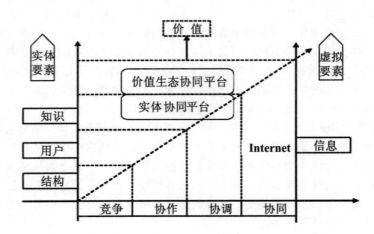

图4-4　电子商务价值生态协同机制框架

（1）竞争阶段。开始一般是多个企业为了合作而组成不同的网络结构，企业之间常常为

了资源而相互竞争，在竞争中形成结构关系，更多表现为竞争关系。企业之间的竞争所处的电子化程度很低，现在表现为企业内部或者企业之间的局部性的网络合作。不同企业之间进行着竞争，竞争的结果表现为企业绩效的增加。由于没有完全瞄准用户的需求信息，企业的竞争性关系可能导致资源的浪费。

（2）协作阶段。协作是在企业之间竞争的基础上进行的协作。数据是各种文本、图像、事实以及各种非结构化非秩序化的数字编码。未被加工、处理的非结构化的数据必须要经过企业或者其他人的加工，符合人们的需求，建立各种数据之间的联系，这样才会有一定的使用价值。企业和用户为了实现各自的价值而协作运行，形成价值创造能力的序参量。运行平台的价值创造驱动力由于缺少知识要素而形成低级序参量。在企业和用户之间的协作和运行是自组织与他组织结合，没有建立面向系统全局的强有力的价值平台，价值的来源没有从知识开始，系统保持自组织与他组织相结合的运行状态。

（3）协调阶段。协调是在竞争、协作的基础上面向知识创新和协同而进行的实体要素协调机制。企业为了生产、用户为了消费，必须要进行知识创新和协同，对各种生产要素进行匹配，建立实体要素的协调机制。知识是由经验、情境化信息、价值、高等的学者等构成的结合体，并可判断整合经验和信息提供的框架体系。王德禄认为知识是经过加工提炼，在各种信息材料之间建立各种联系进行综合评价得出更多细致的结论。面向实体要素的协调是在价值平台中进行的，是核心主体构建和管理的协调活动。在实体性要素系统中进行的协调活动，这是由价值协同能力作为序参量的一般自组织协同演化。由于能够面向知识要素，企业、用户和知识主体之间建立的是协调活动保持一般自组织的运行方式。

（4）协同阶段。第四阶段的协同是在前几个阶段竞争、协作和协调基础上，基于网络信息环境实现生态化协同机制。价值生态协同机制能够符合社会发展趋势，促进信息要素的价值创造活动，而信息要素创造的价值空间是最大的。由于面向网络虚拟的信息要素，系统耗散结构最强，而序参量也能够对价值创造能力和价值协同能力进行趋势形成唯一的价值序参量，系统形成了唯一的价值序参量。同时，外部的耗散结构最强，价值生态系统的自组织能力最高，通过自组织能力的提高实现系统价值创造能力的实质性提高。

## （二）电子商务价值协同生态系统的自组织演化

协同学中系统是演化的，而演化的动力分为序参量和控制参量，但真正决定系统形成和演化的是序参量。在价值生态平台中进行实体性要素和虚拟的信息要素的协同，需要对企业结构、用户、知识、信息进行要素协同，形成控制变量。要素控制变量进行不同层次的竞争、协作、协调和协同，形成不同层次的平台，并在相应的平台中形成不同的序参量。

通过探索图来确定价值协同生态系统的序参量。有的系统模型难以准确构建，对于系统中的参量体系及关系也无法衡量甚至无法确定运动趋势，我们只能运用定性的方法确定序参量并对系统演化的趋势和规律进行研判。探索图是实际可行的用于确定系统和序参量的定性方法，探索图可以描绘电子商务价值协同生态系统的结构、层次、主体关系，从内在本质和外在表现等各方面试图进行构思，实体探索价值协同的前因后果。

电子商务价值协同生态系统自组织状态的形成是一个符合生命周期的演化过程，是在生命周期演化过程中，经历不同的相变跨越不同阶段实现的。系统的自组织来自系统与外部环境的耗散结构和系统内部序参量驱动的协同，而耗散结构和序参量都具有不同的层次性，最终导致系统内外结合形成的自组织能力不同。本文通过分析系统三个层次的序参量，在运行平台层和实体价值平台的序参量分别是价值创造能力和价值协同能力。随着演化的发展，最终信息要素推动系统在价值生态平台中进行有机融合，形成均衡稳定的价值序参量，价值序参量推动系统进行最高层次的价值创造和价值实现。系统在序参量支配下形成不同层次的自组织（图4-5）。

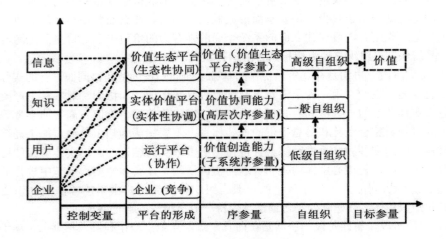

图4-5　电子商务价值协同生态系统序参量形成

# 六、管理启示

## （一）构建强有力的电子商务平台

互联网的典型特征是平台化驱动和平台化运行。云计算下云平台的运行，促使电子商务生态系统具有实体的商务平台和虚拟的云商务平台，不同平台在系统中的功能和作用是不一样的。系统需要构建合适的平台系统，形成价值生态协同。并在系统平台的价值协同基础上，生态协同实行平台协同，而平台也是分层次进行，在每一层次都以平台的形式运行。同时，正是因为信息要素、日常管理和价值协同的不断强化促使层次越高。正是网络平台将互联网新一代的信息技术与企业间的交易进行信息化整合，为企业提供快速灵活的信息分享与集成、沟通协作、交互式交易及互联网化资源共享的信息化平台。电子商务价值生态系统必须建立有效的平台特别是生态平台，实现对系统实体要素和虚拟要素的协同管理。

## （二）积极推动信息要素与实体要素的有效结合

信息生态要素协同伴随系统整体，特别是在价值生态平台层次的价值协同创造。基于云平台技术的信息共享、信息传递、信息使用和信息生态系统加速发展。基于云计算基础上的协同商务包容了信息技术和协同管理技术和思想，极大地促进信息要素的价值创造和对系统整合的促进作用。云计算信息技术重要发展趋势"互联网+"更多依赖于云计算和电子商务大数据的创新和协同。生态系统的建立和完善是任何一个产业的兴起与发展的必经之路。电子商务云计算生态系统的初见端倪，加快提高创新能力和在电子商务中的运用和协同管理能力，建立完善的电子商务云计算生态系统。

### （三）必须要积极推进知识创新和知识协同

电子商务系统是一个自增益的价值创造系统，最主要是来自系统的自组织演化机制。知识要素实现所有要素的协同整合，并且企业结构系统和用户协同都需要进行知识创新和协同。知识协同是以知识创新为目标，组织优化整合知识资源的管理模式和战略手段。在电子商务系统中的组织和个人以及系统所采取的形式，都是知识的附着体，也是知识的创新和传播者。要取得电子商务生态系统的协同的最佳效果，尤其需要加强对知识资源的协同管理。生态系统中的实体平台实现了生态系统范式的知识协同，这是商业模式创新中实现的知识协同和知识创造新方式。必须要进行知识创新和知识协同，从而推动系统实体要素的创新和协同。

# 第五节　网商在电子商务生态系统中的共生关系研究

## 【本节论点】

随着网商阶层的日益壮大和电子商务生态系统的形成，网商在生态系统内的互动机制成为一个值得研究的课题。本文从生态学角度分析了网商内部、网商和系统内其他种群之间的协作共生关系，并佐以实证数据，最后展望了下一阶段生态系统内以网商为核心的协作发展趋势。

随着电子商务在中国的发展，网购逐渐成为老百姓的一项日常活动，由此也催生出一个不容忽视的群体——网商。所谓"网商"，是指利用互联网作为企业或个人商业经营平台，进行采购、销售、企业产品展示、信息发布等企业日常经营活动，并以此作为企业主要经营手段的企业家或商人。据阿里巴巴集团研究中心数据显示，截至2011年上半年，我国网商的总数量超过8000万家。当前，网商在电子商务生态系统内的互动机制研究是学术界的一个前沿课题。本文将在电子商务生态系统的框架体系内，探讨网商与生态系统成员之间的共生关系。

## 一、电子商务生态系统的内涵与构成

电子商务生态系统的概念来自商业生态系统理论。商业生态系统（Business Ecosystem）是 Moore 在其著作《The death of competition: Leadership and strategy in the age of business ecosystem》中提出的概念。它模拟自然界中物种相互依存，协同演化的机制，认为商业生态系统是以组织和个体为基础的经济群落，包括顾客、供应商、生产企业、中间商、金融机构、政府、管理机构、行业协会及其他相关组织。这些组织倾向于以一个或多个企业为核心，相互作用，发展自身。

电子商务生态系统从属于商务生态系统。它是上述企业和组织机构以虚拟、联盟的形式主要通过互联网平台分享资源、沟通协作，从而形成的一个有机的生态系统。系统成员主要由领导种群、关键种群、支持种群和寄生种群构成。领导种群是核心电子商务企业，是整个生态系统资源的领导者，提供平台以及监管服务，扮演着系统中资源整合和协调的角色，如阿里巴巴集团公司；关键种群是电子商务交易主体，包括消费者、零售商、生产商、专业供应商等，是电子商务生态系统其他物种所共同服务的客户；支持种群主要提供电子商务的支持服务，包括物流公司、金融机构、电信服务商以及相关政府机构等；寄生种群是为网络交易提供增值服务的提供商，包括网络营销服务商、技术外包服务提供商等。这些物种寄生于电子商务生态系统之上，与电子商务生态系统共存亡。

## 二、网商在电子商务生态系统中的协作关系

网商在电子商务生态系统中属于关键物种之一。他们在系统内主要面临着竞争和共生两种关系。比如同行业网商之间存在着竞争关系，网商和第三方平台、服务支持机构之间存在着共生关系。但是随着系统内种群数量的增加和网商物种的不断分化，网商物种内部、网商和系统内部其他种群的共生依赖关系更加凸显出来。

### 1. 网商物种内部的共生关系

随着消费者需求的增加，网商规模不断扩大，网商群体开始分工，专业化程度不断提高，网商物种内部出现多样化的协作关系。比如网商之间通过论坛、博客、即时通讯进行经验交流和信息共享；运用第三方平台进行分销代销；相互结盟实施宣传推广；联合担保开拓融资渠道；一些网商转化成服务商为其他网商提供产品、技术、营销、咨询等服务。

### 2. 网商物种与其他种群之间的共生关系

除了网商内部的协同合作外，网商和系统内部的其他种群也有着密不可分的关系。具体如下：

（1）网商和领导种群。以阿里巴巴集团公司为例，阿里家族中的淘宝和阿里巴巴 B2B 平台为广大网商提供信息发布、营销推广、订单处理、信用担保和纠纷调解等服务；阿里家

族的支付宝、雅虎口碑、阿里妈妈、云计算为网商提供支付、搜索、广告和软件等服务。阿里巴巴集团公司也因此成为全球备受瞩目的企业，旗下的阿里巴巴网站连续五次被美国权威财经杂志《福布斯》选为全球最佳 B2B 站点之一。

（2）网商和支持种群。网商的经营活动离不开物流、电信、银行和相关政府机构的支持。如 e 邮宝、顺丰快递、申通、圆通等物流公司为广大网商提供了多样化、个性化的物流送递服务；政府机构、保险公司、银行联合为网商打造优质的融资环境；政府部门通过出台相关的法规政策扶持网商的合法经营活动。虽然这些服务支持机构并不完全依赖于网商而生存，但网商的发展也促使服务支持机构竞争力的多元化发展。比如网上商户数量的增加和网络购物的盛行促使民营物流企业的规模迅速扩展，部分企业年营业收入超过百亿元；同时银行的网上支付业务也得到直接推动，如中行浙江省分行 2010 年仅前 3 个月的网上支付交易额和交易笔数就超过 2009 年全年的业务量。

（3）网商和寄生种群。电子商务市场的成熟和规模的扩大对网商的网络经营活动提出了更加专业的要求，在店铺与产品包装、市场推广与网络营销等领域，单凭一己之力已经很难在激烈的市场竞争中胜出。因此，在电子商务生态系统中催生出了专门为网商提供技术外包服务和营销推广服务的公司机构，他们作为系统内的寄生种群为网商提供更加专业的细分服务，使网商能够从其他事务中脱身，从而专注于提升自身的核心竞争力。同时这些寄生种群也依赖网商而生存发展。

## 三、实证调查

在笔者一项关于"网商演化发展"的课题研究中，笔者以浙江淘宝卖家为调查对象实施了问卷调查，回收有效问卷 180 份。问卷内容涉及对网商内部、网商和其他机构之间的合作关系。

### 1. 协作概况

从样本来看，合作销售、分享知识与经验是网商广泛采用的两种合作方式，分别占到调查人数的 45.6% 和 44.4%；其次是为其他卖家提供支持与服务、合作推广和合作生产等服务；资金借贷与担保属于深层次的合作，需要网商之间互守信用，共同承担风险，目前已有少部分网商尝试开展这种合作形式，见表 4-2。

表 4-2　网商与网商之间的协作行为（%）

| 合作关系 | 合作销售 | 分享知识与经验 | 为其他卖家提供支持与服务 | 合作推广 | 合作生产 | 资金借贷与担保 |
|---|---|---|---|---|---|---|
| 所占比值 | 45.6 | 44.4 | 35.6 | 28.3 | 21.1 | 5.6 |

同时，网商和电子商务生态系统内其他成员也正在开展各项合作。除合作最广泛的物流公司外，寄生种群中的软件服务提供商和广告商成为网商合作的第二与第三目标群体，说明网商迫切需要信息技术以及营销推广方面的专业服务支持；另外有 1/5 的网商与金融服务机

构存在合作关系，表明网商在扩大经营的过程中存在着融资需求。但是网商与行业组织、政府、保险公司、教育机构等组织的协作还处于起步阶段，见表4-3。

表 4-3　网商和其他机构之间的协作（%）

| 合作机构 | 物流公司 | 软件服务提供商 | 广告服务提供商 | 金融服务机构 | 行业组织 | 政府部门 | 保险公司 | 教育机构 |
|---|---|---|---|---|---|---|---|---|
| 所占比值 | 85.0 | 40.6 | 32.8 | 21.7 | 12.2 | 5.0 | 4.4 | 4.4 |

### 2. 网商成长各阶段的协作趋势

本课题将网商的成长定义为创业、规范化、集体化和精细化四个阶段。通过对样本网商的特征聚类，课题识别出了每个网商所处的成长阶段。课题进一步对每一阶段的样本网商所选择的协作类型（见图 4-6）进行统计，计算出每阶段采用某种协作类型的网商数量占本阶段网商总数量的比值。观察数据发现，随着网商的成长，网商们对于分享知识与经验、合作生产以及合作销售三种协作总体上有不断加强的趋势。

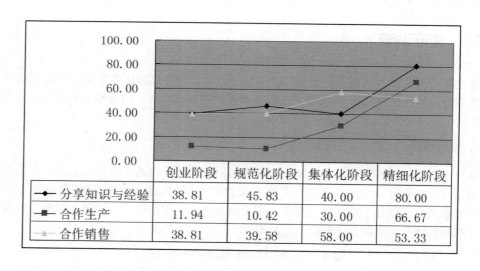

| | 创业阶段 | 规范化阶段 | 集体化阶段 | 精细化阶段 |
|---|---|---|---|---|
| ◆ 分享知识与经验 | 38.81 | 45.83 | 40.00 | 80.00 |
| ■ 合作生产 | 11.94 | 10.42 | 30.00 | 66.67 |
| ▲ 合作销售 | 38.81 | 39.58 | 58.00 | 53.33 |

图 4-6　浙江网商演化各阶段内部协作的趋势

同时，本课题分别对每一成长阶段的样本网商所选择的协作机构进行了统计，计算出了每个阶段选择某种协作机构的网商数量占本阶段网商总数量的比值。观察数据发现，随着网商的成长发展，网商们与电子商务系统内的物流公司、金融服务机构、行业组织、保险公

司、教育机构等成员的协作总体上有不断加强的趋势（见图4-7）

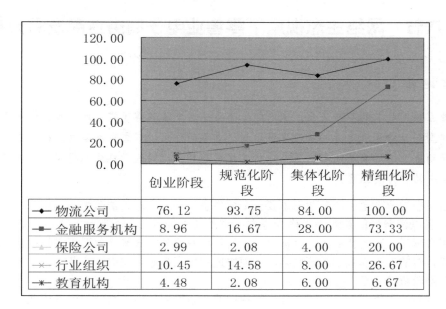

| | 创业阶段 | 规范化阶段 | 集体化阶段 | 精细化阶段 |
|---|---|---|---|---|
| ◆ 物流公司 | 76.12 | 93.75 | 84.00 | 100.00 |
| ■ 金融服务机构 | 8.96 | 16.67 | 28.00 | 73.33 |
| ▲ 保险公司 | 2.99 | 2.08 | 4.00 | 20.00 |
| ✕ 行业组织 | 10.45 | 14.58 | 8.00 | 26.67 |
| ✳ 教育机构 | 4.48 | 2.08 | 6.00 | 6.67 |

图4-7　浙江网商演化各阶段与其他机构的协作趋势（%）

## 四、网商在电子商务生态系统中的协作发展趋势

从国内网商的整体现状来看，网商内部、网商和生态系统内其他成员的沟通、互动和协作正在大规模展开，中国网商已经步入以生态化发展为主要标志的新阶段。这一新阶段的特质表现为：网商作为电子商务生态系统中的关键物种，数量日益庞大，网商之间出现了知识分享、组织协作、资金联保等层面上的大规模协作，并朝纵深发展，面向网商的服务体系开始走向产业化。

同时网商拉动生态，生态促进网商成长的良性自循环将进一步加速，从而使网商向社会化方向发展，这种现象以网商大规模企业化、品牌化为主要标志。在这种发展趋势下，网商阶层进入主流社会，生态系统内围绕网商开展的各项协作将加速从线上扩展到线下，形成以地理区域为特色的电子商务产业集群。比如中国淘宝第一村——义乌青岩刘村，现有大约2000家网店，其中有 2 家金冠店、100多家皇冠店。与此同时，青岩刘村的网商结构也发生了变化，从过去的单一的零售网商，发展成了专门为网商提供货物的混批网商。网商的聚集让电子商务的配套产业在青岩刘村乃至整个义乌市快速兴起，现全市共有快递公司百余家，从事产品拍摄的网店摄影师已达上千人，还有饭店、文印店、广告公司和包装箱、胶带供应商，一条完整的电子商务产业链在青岩刘村和义乌市渐趋成型。

# 第六节　网络生态视角下零售业电子商务业态发展分析

## 【本节论点】

随着互联网技术的不断进步，国内电子商务业态发展取得了较大的进步，这对于推动零售业的转型与升级和流通业的快速发展起到了重要的作用。本文在网络生态视角下，探讨零售业电子商务业态的发展问题，从而分析其发展趋势，以促进网络生态视角下国内零售业电子商务业态的可持续发展。

网络生态视角下电子商务业态主要有个体生态、种群生态、群落生态等层次，各电子商务的经营者以消费者的购买需求作为导向并有效建立经营形态；其次在考虑各客户购买行为、购买心理时，对经营品种、目标市场价格策略及服务方式等经营要素进行选择、组合，最终形成自有的管理模式或经营风格，以便快速实现商品服务在电子商务平台上的进一步流通，进而创造新的价值。

作为新兴的零售业态，电子商务为零售业的快速发展创造了有效的商务模式，一方面它不仅改变了以往零售业商品的流通模式，而且还建立了以数据库为核心的运营、决策支持系统，确保了整个系统从产品管理逐步朝顾客需求管理为主的转变，从而全面促进传统零售业不断地创新与发展。

## 一、基于网络生态视角的电子商务业态结构

电子商务业态也具有一定的功能与结构，因此将其视为一个有机整体的网络生态系统，按照生态理论的结构把电子商务业态划分成：电子商务业态种群生态、电子商务业态生态系统、电子商务业态群落以及电子商务业态个体生态系统几个部分。

可见将生态理论运用于电子商务业态结构的分析与研究，有利于正确地剖析我国现阶段电子商务业态的结构，找出电子商务业态各参与主体之间的相互联系与作用。同时也对了解系统当中的能量、信息以及物质的交换，更好地促进电子商务业态结构的相互作用、协调发展起到重要的作用。

### （一）电子商务业态的特点

当前电子商务业态的种类具有多元化特点，对于发展初期而言，电子商务的运用模式常见为 B2B 模式以及 C2C 模式，但随着经济发展水平与互联网技术的进步，较多的电商丰富了多种形式（移动模式、本地模式以及社交模式等）。此外，电子商务的业态经营也趋于整合化，电商按照市场的需求把多样化的业态进行有效整合，以便充分发挥各业态的优势互补作

用，进一步扩大市场份额，更快地实现电子商务业态的可持续与稳定发展。电子商务业态的竞争进入层次化阶段，较多的新型电子商务业态不断涌现，较好地满足了不同顾客的个性化需求，各新型业态种类的增加也使得电子商务业态的竞争呈现多层次与一体化的竞争格局，能够较好地激发各电商不断进行创新，从而提高竞争优势，获得更多的经济效益。

### （二）网络生态视角下电子商务业态的结构分析

首先是电子商务业态的个体生态。主要包含业态电子商务的平台、各种信息与技术方法，充分利用平台上用户以及平台中的资金流、信息流以及人流、物流、能量流等生态信息内容。

其次是电子商务业态的种群生态。对于网络生态视角下的零售电子商务业态系统而言，存在着电子商务业态种群，而该种群均为具有相同的管理模式或经营风格的电子商务，并以相同的经营形态呈现在市场与客户面前，这些业态种群有着共同的服务方式、经营品种以及目标市场。

此外，网络生态视角下电子商务业态的结构还包含电子商务业态群落生态，即借助电子商务的业态种群和其他种群、与外界环境间的关系建立起相互依赖与联系的关系，是该群落生态遵循客观的规律。

最后是电子商务业态生态系统。当电子商务业态群落和外界环境进行互动之时，有利于形成动态的系统，而系统中又进行信息的传递、能量流动以及物质的循环。生态系统还具备自我调节能力，并于某一时期内处于较为稳定的平衡状态。

由此可知，网络生态视角下电子商务业态的结构，会对周围的环境产生一定的积极影响，而且这种影响有助于促进电子商务业态的快速发展与进步。与此同时，电子商务业态生态系统作为开放的系统，实时与社会环境保持着能量的输入与信息的输出，从而更好地维护其系统的平衡性与稳定性。

### （三）网络生态视角下电子商务业态的发展趋势

网络生态视角下电子商务业态作为有机的网络生态系统，与外界环境保持着密切的联系，并进行信息与能量的交换，有利于由无序状态向有序状态方向的演化。电子商务业态主要以技术与信息的应用为主导，但随着互联网与电子商务技术的不断发展，电子商务业态中各业态主体信息资源也在逐渐增长和流转、传播。各业态主体按照自己的实际需求获取更多的信息资源，因此电子商务业态的发展对于资源的非独占性将会更加凸显。

## 二、基于网络生态视角的零售业电子商务业态发展分析

### （一）网络生态视角下零售业电子商务业态发展现状

零售业主要是为最终的消费者提供其所需的服务与商品的行业，而零售业电子商务业态是借助电子商务途径对最终的消费者提供其实际所需的服务或商品的经营形式。目前国内零

售业涉及的电子商务业态阶段，主要是从 2003 年马云旗下阿里巴巴的淘宝网开始的，其主要是以电子商务 B2B 为主体开展起来。随着经济水平的发展，零售业电子商务市场的竞争更加激烈。2014 年我国电子商务研究中心调查与监测的数据报告显示：C2C 的市场主要为拍拍网、淘宝集市以及易趣网三者共同主导；而 2013 年的相关数据表明：淘宝集市所占份额高达95.1%、易趣网与拍网分别仅占 0.2%与 4.7%。这也表明激烈的市场竞争结束了独树一帜的局面。

与此同时，2012 年我国的电子商务零售业取得了长足发展，并且零售业电子商务的交易规模已经达到 13110 亿元，同比涨幅为 69.21%，这一数值规模比例占国内社会消费总额的近6.3%。截止到 2012 年底，C2C 与 B2C 及其他的零售电子商务模式企业约 24882 家，与上一年的 20750 家相比增加了约 19.91%。艾瑞网的数据报告显示：2012 年与 2013 年国内网络购物的市场交易规模分别为 13030.3 亿元与 18507 亿元。以上数据表明：当前国内购物交易的规模逐年增加，零售业电子商务业态的市场不断扩大，面临的商机也大大增加且具备良好的发展势头。

## （二）网络生态视角下零售业电子商务业态的发展过程

零售业电子商务业态的发展过程与网络生态的形成以及发展具有密切的关系，可将其发展过程划分为四个阶段：基本模式的形成初期——业态模式的爆发与增长期——各业态模式进行整合发展的扩展期——技术进步的升级期。

零售业电子商务业态的发展初期：自 1999 年谭海音与邵亦波（均为美国哈佛商学院毕业生）于上海创办了易趣网，不仅填补了国内电子商务 C2C 的空白，而且还是国内最早涉及电子商务的零售业。2003 年，马云阿里巴巴旗下的淘宝网在上线初期，就打出"免费 3 年"的口号，从而进一步打开了国内电子商务 C2C 的市场，接着就收购了易趣，进而成为国内零售业电子商务的标杆企业。零售业电子商务业态发展的初期，零售业电子商务业态与其技术的不断完善，有效地为零售业电子商务业态的整体发展奠定扎实的基础。

零售业电子商务业态的发展期：这一时期的零售业电子商务业态企业，重视经营代理模式的电子商务，纷纷建立本企业的电子商务平台。通过积极的代理模式开展合作，有助于积累更多的线上销售经验，为进一步开拓线上市场奠定基础。同时该时期网络技术不断快速发展，较多的营销模式在借助网络技术的基础上不断涌现，各类型营销模式也呈现出爆发式的增长特点。

在零售业电子商务业态的扩展期，各业态主体之间联系更加密切，而且各营销与运营模式均高度整合，驱使各电商企业需要维持现在的优势，同时还要进一步扩大发展。此外该时期的零售业电子商务业态具有不同的业态种类，而且各模式进行自由整合与选择，较好地扩大市场并稳定更多的消费群体。特别强调的是，该时期的零售业电子商务业态既有相互合作又存在着竞争，并且遵循社会的"优胜劣汰"法则，进而形成零售业电子商务业态的"群落"现象。

零售业电子商务业态在升级期的发展较为完善与稳定、成熟，业态内的结构与功能正逐步完善和强大，不仅可以及时地对外界的干扰进行响应，而且还起到了进行自我调整与修复的作用。此外，零售业电子商务业态还能借助网络技术的升级，提升自我的业态形式，并且积极寻求合作，以便在技术上实现较快的整合，进一步扩大企业的营销方式，满足更多顾客的个性化实际需求。

### （三）网络生态视角下零售业电子商务业态面临的难题

社会环境问题。网络生态视角下零售业电子商务业态，面临的问题主要有网络诈骗问题与诚信问题。首先是不法分子通过发布虚假的信息，诱导顾客进行消费，严重损害了消费者的合法权益。其次是消费者个人的信息遭到泄露，或将顾客信息进行倒卖，进而从中非法获利。还有少数商家以次充好，销售质量差或不合格的产品诱导消费者施行购买。这些不良现象严重影响了电子商务业态的长久良性发展。

零售业电子商务业态的环境问题。对于零售业电子商务业态面临的难题主要体现在：电子交易安全性和知识产权难以得到有效保障，我国针对隐私权的保护尚未健全，一旦公民的隐私被不法侵犯时，仅能通过名誉权方式进行自救。此外，电子商务中的电子合同由于交易主体的不易确定性等因素而存在着一定的风险，一旦出现纠纷或问题就难以解决，自身的合法权益也难以得到保障，由此影响零售业电子商务业态的健康发展。电商模式与物流模式较为滞后，国内的大部分电商使用的是国外的电商服务模式，然而国外的电商模式是否符合我国的电商发展问题难以确定。此外对于电商模式中的价格问题，在较短时期内资本能够支持用低价换取市场，然而对于长期的负利润或零利润而言，则难以维持。此外国内物流模式较为落后与缓慢，难以满足零售业的电子商务业态的需求，这不利于网络生态视角下零售电子商务业态的顺利发展。

零售业电子商务所售商品的质量无保障导致消费者权益受损。多种多样的零售业电子商务的快速发展，有效改善了人们的生活，人们对于电商的依赖也逐步增强。然而零售业电子商务在发展过程中所售商品质量存在问题，不仅严重影响了零售业电子商务行业的良好发展，而且还损害了广大消费者的合法权益。例如一些知名的电子商务零售网站明知产品质量出现了问题却应对不力，甚至采取视而不见的态度。其次部分零售电商网站对商品知假售假，在网上出售不合格或假冒的商品，将消费者的身心健康与生命安全抛之脑后；不顾消费者的权益与行业的长远发展，仅顾眼前的小利益，显然违背了零售业电子商务中诚信经营的原则。

### （四）零售业电子商务业态健康持续发展对策

提高零售业电子商务信息技术的安全性，保障交易的可靠。提高电商商务信息技术的安全性，进一步明确电子商务信息的范围与内容。一方面规范电子商务的各项法规政策，禁止网络虚假信息、广告，减少对消费者的欺诈，避免消费者的合法权益受到损害。加强零售业电子商务行业的自律，不断提高自身的技术、对现有体系进行改善与完善，确保交易信息与账户资金的安全。另一方面通过安全技术有效防护移动交易过程中出现的各类安全问题，使用无线加密技术、入侵检测或防火墙技术，对移动终端的系统进行实时监测，同时提高网络内容的可靠性与真实性，确保数据传输的安全性，确保交易的公平与安全进行。最后用户进行交易支付过程中应按照规定程序操作，妥善保管电子支付交易的存取工具，一旦出现遗失或紧急情况可通过银行卡应急保护或及时挂失保护方式。

完善零售业电子商务知识产权立法并重视保护消费者的隐私权。有效建立完善的零售业电子商务知识，有效保障标记权、著作权、商业秘密权以及专利权不受侵害；同时进一步重视电子商务对于知识产权方面的法律保护。预防黑客或不法分子的侵入，通过建立完善的法律法规有效提高电子商网络交易的信息安全。注重对广大消费者的网络隐私权进行保护。各经营者对消费者的个人信息进行使用时，应在获得消费者的同意的授权下使用，同时将使用的范围、目的以及程序等内容做出具体的明确。同时积极采取保密技术切实保护用户的个人信息与隐私权，避免用户的信息、隐私遭到泄露。

创新电商模式与物流模式促进零售电子商务业态的健康发展。首先进行电商模式创新，通过精准用户定位，进行产品的合理、准确定位，积极引导、培育新的消费理念，从网站的设计、产品与服务的提供，从线上体验再到线下体验，不断进行用户体验的创新。其次完善电商交易方式，不断进行技术创新，提高交易安全性和便捷性，做好成本控制工作，降低电商的运营成本并全面提高电商的运作效率。最后优化电商物流体系，完善物流的信息系统。通过自建物流配送模式、第三方物流配送模式以及自建和外包相结合的物流配送模式，全面提高电商物流的效率与服务质量，从而全面提高电商物流的竞争力。

诚信经营，切实保障消费者的合法权益。首先，对于那些网上知假售假、虚假宣传、出售质量不合格商品的零售业电商网站，应从重处罚，有效减少网站出现的知假售假违法行为，确保消费者买到合格的产品。其次，建立有效的在线投诉中心，切实解决各种消费争端，必要时还应在网页上将产品的来源渠道、进货方式、检验流程等信息进行公开，确保消费者买得放心。此外各经营者还需确保商品信息的真实、可靠与全面性，禁止出现对商品信息虚假陈述、夸大宣传或出现欺诈、虚假等不利于消费者权益的行为。

## （五）网络视角下零售电子商务业态发展预测及建议

网络视角下零售电子商务业态发展预测。更加重视营销方式的创新。受到移动互联网技术的影响，零售电子商务业态更加重视创新营销方式的运用与结合。例如：人们随时可利用App上网，各电商积极与SNS进行有效整合，快速地把产品信息推广出去，引导更多的消费者对产品进行分享、评价以及转发，有效地提高了交易的效率和规模。新技术的应用加速了电子商务业态的发展。科学信息技术的不断发展，为零售业电子商务业态的良好发展提供了有利条件，例如在以物联网、云计算、互联网等为新一代移动通信技术的带动与发展之下，对当前的零售业电子商务业态的发展起到了重要的技术支持作用。社区网络、智能搜索和更安全的支付方式等新技术，也助推了零售业电子商务业态的更快发展，经营向专业化方向发展。竞争使得各大电商不断地进行经营方向与销售模式的创新，进而推动零售业电子商务业态的经营方向更专业化。例如：电商和高端品牌合作，可以更好地满足顾客对于产品品牌以及品质的实际需求。电商业态的经营方向专业化，不仅能够合理避免直接与主流电商进行正面竞争，而且还有助于更好地挖掘网络经济带来的"长尾效应"，更好地开发零售业电子商务市场，售后服务将趋于完善。随着人们生活质量与水平的提高，消费者更加重视商品的质量与售后服务，目前，不少电商开始建立了自己的物流平台，提升了物流配送的效率，提高了顾客满意度，从而使自己在竞争中占据优势。零售业电子商务业态的售后服务也逐渐趋于完善，例如在商品的退换或者维修等方面更加完善，大大提高了顾客对电子商务交易的认可，从而真正促进零售业电子商务的良性发展。

网络视角下零售电子商务业态发展的建议，以及对于电子商务平台的选择及对角色的认识。现阶段，国内大部分零售企业的信息化程度不高，因此对于电子商务平台的选择至关重要，而对于自建平台的企业，则要求较高，不仅需要一定的专业知识与经济实力，同时还需要不断构建硬、软件网络平台，定期进行维护更新，确保平台的安全稳定与发展。对于选择电子商务平台的零售企业，必须和平台明确各自的权利与义务，这样才能充分发挥电子商务的优势。不断提高零售业的网上服务质量。网络视角下零售电子商务业态的健康发展，需要零售业提高其服务质量与水平，由于国内的电子商务物流体系尚未健全，缺少相对成熟的物流系统。因此导致商品的配送费用高或交货出现延迟等情形，而且网上电子支付的系统安全性无法得到有效保障，导致用户的交易支付存在安全隐患。要想促进零售电子商务业态的健康稳定发展，就应该提高电商物流的配送效率，有效建立完善的物流运作体系、加强电子金融的网上交易安全，确保交易支付的安全实现，保障交易双方的合法权益，最终全面提高零售电子商务业态的良性发展。零售电商企业应充分运用电子商务信息技术并积极引进综合型人才。零售电商企业应不断运用先进的信息技术，提高企业的业务与运行效率，通过对企业的业务流程进行有效的优化与重组；充分利用先进的信息技术或经验、决策整合供应链，全面促进其电商商务业态的稳定发展。同时零售电商企业还应重视对复合型人才的引进与任用，从而有效强化对人才队伍的建设，提高企业的综合竞争力，确保零售业电子商务业态的可持续发展。综上所述，对于网络生态视角下零售业电子商务业态的发展，应准确把握电子商务的应用模式并进行创新，一方面零售电商企业以市场作为导向，根据客户的需求为出发点，充分依靠先进的信息技术，及时构建电子商务的信息化平台。另一方面还需顺应市场的发展规律，结合当前的消费观念，为消费者提供人性化的服务与个性化的商品，切实推动我国零售业电子商务业态获得更大的发展空间。

# 第七节 网商生态系统交易主体间信用行为博弈

## 【本节论点】

随着电子商务的迅猛发展，信用问题越来越被人们所重视。以混合战略博弈理论为依据，研究网商生态系统中交易主体间的信用行为博弈问题，探究信用问题产生的原因，并根据建立的博弈模型分析得到混合纳什均衡解。通过对混合纳什均衡解分析得到，对采取欺诈经营的网商的惩罚力度越大，网商通过欺诈进行获利的空间越小，选择诚信经营的网商比例就越大，这对于网商生态系统交易环境中的信用问题的改善有着重要的作用。

在网络时代，电子商务作为一种新商业模式，以其特有的低成本、跨时间和空间、跨地域等方面的优势，使其得到迅猛发展。然而，在电子商务快速发展的过程中，困扰着电子商务的信用安全、在线支付、物流配送等问题仍然没有得到彻底解决。随着信息安全技术的不断提高，物流配送体系的不断完善，信用问题已逐渐成为电子商务发展中最为突出的问题。经济学上的信用是指在商品交换或者其他经济活动中，授信人在充分信任受信人能够实现其承诺的基础上，用契约关系向受信人放贷，使受信人暂时获得货币或商品使用权的能力，并保障自己的本金能够回流和增值的价值运动。网商生态系统中的交易主体——买方与卖方，是信用行为直接表现者，本文通过建立混合战略博弈模型，对买方与卖方间的信用行为进行分析，探讨改善网商生态系统信用现状的措施。

网商生态系统是一个比较新的概念，有针对性的对网商生态系统中交易主体间的信用问题研究比较少。国外学者运用博弈理论对电子商务中的信用问题研究的比较早，比较有代表性的是 Dellarocas 通过博弈论，证实在一个完全均衡的市场环境下，卖方仍然会做出欺诈行为，这是因为高质量的产品比低质量的产品利润更高。因此，卖方往往承诺销售高质量的产品，这同时也是电子商务交易信用风险形成的根源。国内学者从多角度对电子商务信用问题进行研究，主要是从经济学、信息不对称等角度，通过建立静态博弈与动态博弈模型，探讨电子商务交易中的信用行为选择以及信用问题的解决对策。笔者在上述学者研究的基础上，从网商生态系统交易主体间的信用行为角度出发，利用博弈论中的混合战略博弈理论对其进行研究，通过建立博弈模型进行纳什均衡解求解，并根据求得的纳什均衡解，分析如何改善网商生态系统的信用问题。

# 一、网商生态系统交易主体及信用问题

## （一）网商生态系统中的交易主体

伴随着电子商务的迅猛发展，产生了一个新的集体——网商，网商指持续运用电子商务方式从事商务活动的个人和企业。网商组织逐渐壮大，并与电子商务外界环境相互作用，形成了一个新的生态系统——网商生态系统。所以，网商生态系统是指以电子商务为中心，各种类型的网商之间以及网商与外部环境之间相互作用而形成的统一整体。

网商生态系统主体分为进行交易的网商主体和网商所处的交易环境主体两个大部分。根据在交易中的角色不同，可以将网商主体简单分为卖家和买家，卖家可以分为企业卖家和个人卖家，买家也可以分为企业买家和个人买家。按照在供应链中的不同角色，又可以将企业卖家继续细分成供应商、制造商、中间商。这里的交易环境主体主要指的是电子商务环境，可以划分为平台提供商、交易服务商、基础服务商 3 个大类，同时也泛指网商生存的政治、经济、技术、文化环境。电子商务生态系统的核心主体是电子商务平台提供商，网商在电子商务生态系统中只是组成主体，而网商生态系统的核心主体就是在该系统中进行交易的各种类型的网商。各种类型的网商通过平台提供商、交易服务商、基础服务商构成的交易环境主体进行交易，作为买方与卖方的网商在这个环境下进行交易，并且建立有一定的信任关系，在一定的信任关系基础上才能促成交易。

## （二）交易主体间的信用问题

网商生态系统中的交易主体利用虚拟的互联网进行商务活动，在这一虚拟交易平台中，人们往往无法完全判断交易信息的真实性、有效性，增加了电子商务活动的不确定性和交易的难度。交易主体在该环境下进行交易活动时会面临很多问题，比如参与主体身份难以确认、交易双方信用状况不能完全掌握、商品质量不能得到保障等。因此，在网商生态系统中，交易主体间进行电子商务交易时，选择守信与否的决策，关键是由选择守信与失信给交易主体带来的收益来决定。如果失信给电子商务交易主体带来的收益大于守信取得的收益，为了自身利益最大化，理性的交易参与者会选择失信决策。因此，在一次性电子商务交易博弈中，交易主体间选择是否守信的决策是基于收益最大化原则来进行的。

对具有相互影响的决策进行分析时，博弈论是一个有效的分析工具。在一定的假设条件下，网商生态系统中交易主体在选择信用模式时，会受到其交易对手和其他利益相关者决策的影响，交易对手和相关利益者的选择是决定交易者选择决策的主要参数，通过其决策函数来影响交易者的效用函数，进而影响交易者的决策。所以，在一定的博弈情景下，网商生态系统中的交易主体间即买卖双方，通过对交易对方的信任程度来进行博弈，主要有欺诈、诚信两种信用模式，从而形成了不同程度的电子商务交易信用风险。如果买卖双方在博弈的过程中都选择了诚信的信用模式，那么这个网商生态系统中的信用风险程度就比较低；如果买卖双方在博弈的过程中都选择了欺诈的信用模式，那么这个网商生态系统中的信用风险程度就比较高；如果买卖双方在博弈的过程中，一方选择了诚信的信用模式，另一方选择了欺诈的信用模式，那么这个网商生态系统中的信用风险程度就是中度的。以上便是网商生态系统中交易主体间的博弈会形成电子商务交易活动信用问题的原因。

# 二、网商生态系统交易主体间信用行为博弈分析

网商生态系统主要研究的是网商之间的关系，即各种类型的卖家与买家、买家与买家以及卖家与卖家之间的关系。网商生态系统中交易主体之间的信用行为有很多，服务态度是否满意、发货速度是否及时、商品描述是否正确等。但涉及不同的网商则有不同的信用行为，本文主要研究作为卖方的网商与作为买方的网商、作为卖方的网商与作为买方的消费者个人之间的交易行为。他们之间的交易主要涉及实物产品的交易以及虚拟产品（服务等）的交易，但是不管是涉及虚拟产品还是涉及实物产品的交易，都可以看作是有一定价值的商品交易。

卖方和买方交易时，他们之间的信用行为都是完全理性的，我们假定卖方提供的质量水平高、价格合理的商品或者服务为"优质"商品，那么卖方提供"优质"商品的行为我们称之为"诚信"；反之，卖方提供的商品和服务如果不符合他们所描述的或者在质量上存在很大的问题，我们称这类商品为"劣质"商品，卖方提供"劣质"商品的行为我们称之为"欺诈"。

## （一）基本假设

本文所分析的电子商务交易过程是完全信息静态博弈，也就是说在电子商务交易时买方与卖方同时做出决策，他们之间的博弈所涉及的战略和行动是相统一的。因为电子商务交易过程中的决策环境是复杂的，所以在不影响结论的前提下，做如下假设：

（1）网商生态系统中交易主体间的博弈模型存在两个参与人，卖方和买方。两者都是理性的经济人，他们在电子商务交易过程中都想获得自己最大收益或效用。

（2）卖方和买方在电子商务交易环境下具有完全的信息，即他们对相互的战略空间、收益函数等特征具有完全的了解。

（3）卖方和买方做出决策之前都不知道对方的行动，可以认为他们是同时进行行动的，也就是说二者间的博弈是静态博弈。

（4）电子商务交易博弈模型中的卖方和买方同时选择行动，而且只有一次，不考虑重复博弈。

（5）买方的交易决策和卖方的信用选择分为两种理想情况，即卖方的策略空间为（诚信，欺诈），买方的策略空间为（交易，不交易）。

（6）存在政府的监管，政府制定相关法律对欺诈者进行惩罚。

## （二）符号的说明

模型中涉及的符号说明如下：

$P_1$ 为买方选择交易的概率，且 $0 \leqslant P_1 \leqslant 1$；

$P_2$ 为卖方选择诚信的概率，且 $0 \leqslant P_2 \leqslant 1$；

$E_1$ 为买方因交易而获得的收益；

$E_2$ 为卖方诚信经营的收益；

$E_3$ 为卖方欺诈获得的收益，通常情况下 $E_3 > E_2$；

$L$ 为卖方因欺诈而受到的法律法规的惩罚或信誉下降所造成的经济损失；

（$E_3-L$）为卖方因欺诈而获得的净收益，且 $E_3 \geqslant L$；

$U_1$ 为买方的期望收益；

$U_2$ 为卖方的期望收益。

# 三、信用博弈模型的建立与分析

根据上述的假设以及符号说明可知：

（1）局中人：I={卖方，买方}。

（2）策略：局中人卖方的策略全体用集合{诚信，欺诈}表示，局中人买方的策略全体用集合{交易，不交易}表示。

（3）局势：从每个局中人各自策略集合中选择一个策略而组成的策略组集合为：{（诚

信，交易），（诚信，不交易），（欺诈，交易），（欺诈，不交易）}。

卖方和买方的支付矩阵如表4-4：

表4-4　卖方和买方的支付矩阵

| 卖方 | 买方 | |
|------|------|------|
| | 交易 | 不交易 |
| 诚信 | $E_2$，$E_1$ | 0，0 |
| 欺诈 | $E_3-L$，$-E_1$ | $-L$，0 |

## （一）支付等值法求混合战略纳什均衡解

消费者和商家都是理性的经济人，因此他们在选择交易策略时，都会自觉地追求自身的期望收益最大化。

对于买方，如果卖方所选择的策略是诚信，买方的最优策略应该是交易；如果卖方所选择的策略是欺诈，那么买方的最优策略就是不交易。

假设卖方的纳什均衡混合策略为（$P_2$，$1-P_2$），由此可得买方的收益为：

若买方选择"交易"策略则所获得收益为：

$$P_2*E_1+（1-P_2）*（-E_1） \tag{1}$$

若买方选择"不交易"策略则所获得收益为：

$$P_2*0+（1-P_2）*0 \tag{2}$$

令（1）式=（2）式可得：

$$P_2^* = 1/2$$

该混合纳什均衡解表示的含义如下：

如果卖方选择"诚信"策略的概率 $P_2>1/2$，则买方应该会选择"交易"策略；如果卖方选择"诚信"策略的概率 $P_2=1/2$，则买方会随机地选择"交易""不交易"策略；如果卖方选择"诚信"策略的概率 $P_2<1/2$，则买方应该会选择"不交易"的策略。

对于卖方，当存在政府干预时，卖方在实际的交易过程中是否选择欺诈，取决于实施欺诈的预期收益与成本的对比，由于不知道其诚信和欺诈策略的收益大小，即 $E_2$ 和 $E_3-L$ 的大小关系，所以很难对卖方所选择的策略做出具体判断。为此，我们分别就以下 3 种情况对卖方所选择的策略进行讨论：

### 1. 当 $E_2>E_3-L$ 时

由表 1 可知，如果买方选择交易策略，卖方选择诚信收益是 $E_2$，选择欺诈收益是 $E_3-L$，已知卖方诚信经营的收益大于欺诈经营的收益，作为理性的经济人，卖方的最优策略选择是诚信。同理，如果买方选择不交易策略，卖方选择诚信收益是 0，选择欺诈收益是 $-L$，卖方的最优策略还是诚信。对于买方，在卖方选择诚信策略的前提下，买方选择不交易策略获得的收益为 0，买方选择交易的策略获得的收益为 $E_1$，所以买方的最优策略为进行交易。因此，该博弈的纳什均衡为：卖方诚信，买方交易。

2．当 $E_2=E_3-L$ 时

在这种情况下，由表 1 可知，如果买方选择交易策略，卖方选择诚信收益是 $E_2$，选择欺诈收益是 $E_3-L$，此时卖方诚信经营的收益等于欺诈经营的收益。那么卖方无论选择诚信还是欺诈对自己的收益都没有影响，但由于卖方会与多个买方交易，也不只进行这一次交易，考虑到长远利益，作为理性的经济人，卖方的最优策略选择将是诚信；如果买方选择不交易策略，卖方选择诚信收益是 0，选择欺诈收益是 $-L$，卖方的最优策略也是诚信。在卖方选择诚信策略的前提下，买方的最优策略选择就是交易。因此，当 $E_2=E_3-L$ 时，该博弈的纳什均衡为：卖方诚信，买方交易。

3．当 $E_2<E_3-L$ 时

$E_2<E_3-L$，即卖方诚信经营的收益小于欺诈经营的收益。在这种情况下，如果卖方选择的策略是诚信，买方选择交易策略的收益是 $E_1$，买方选择不交易策略的收益是 0，作为理性的经济人，买方的最优策略选择就是交易；但如果买方选择交易策略，卖方选择诚信收益是 $E_2$，选择欺诈收益是 $E_3-L$，卖方就会选择欺诈；如果卖方选择的策略是欺诈，买方选择交易的收益是 $-E_1$，选择不交易的收益是 0，那么买方的最优策略选择就是不交易；如果买方不交易，卖方选择诚信收益是 0，选择欺诈收益是 $-L$，因此卖方的最优策略选择必定是诚信。如此反复，这个博弈始终不会达到一个均衡状态，因为无论哪种纯策略组合，都会出现参与人为了获得自身收益最大化而改变原有策略的局面。显然，这是一个混合策略博弈问题。

假设买方的纳什均衡混合策略为（$P_1$，$1-P_1$），由此可得卖方的收益为：

若卖方选择"诚信"策略则所获得收益为：

$$P_1 * E_2 + （1-P_1）* 0 \tag{3}$$

若卖方选择"欺诈"策略则所获得收益为：

$$P_1 * （E_3-L）+ （1-P_1）* （-L） \tag{4}$$

令（3）式=（4）式可得：

$$P_1^* = L /（E_3-E_2）$$

该混合纳什均衡解表示的含义如下所示：

如果买方选择"交易"策略的概率 $P_1<L/（E_3-E_2）$，则卖方应该会选择"诚信"策略；如果买方选择"交易"策略的概率 $P_1=L/（E_3-E_2）$，则卖方会选择"诚信""不诚信"策略；如果买方选择"交易"策略的概率 $P_1>L/（E_3-E_2）$，则卖方会选择"欺诈"策略。

## （二）支付最大化法求混合战略纳什均衡解

构建式（5）和（6），如下所示：

买方的期望收益：

$$U_1=P_1 [P_2E_1+（1-P_2）（-E_1）] + （1-P_1）[P_2*0+（1-P_2）*0] =2P_1P_2E_1-P_1E_1 \tag{5}$$

式（5）对 $P_1$ 求导后得：

$$U_1=P_1=2P_2E_1-E_1=0$$
$$P_2=1/2$$

同理可得卖方的期望收益函数为：

$$U_2=P_2 [P_1E_2+（1-P_1）*0] +（1-P_2）[P_1*（E_3-L）0+（1-P_1）*（-L）] \qquad （6）$$

式（6）对 $P_2$ 求导后得：

$$U_2/ \quad P_2=P_1E_2-[P_1（E_3-L）+（1-P_1）（-L）] =P_1E_2-P_1E_3+L=0$$

$$P_1=L/（E_3-E_2）$$

上述两种方法求得的混合战略纳什均衡解一致，上述混合战略博弈也可用对应的反应函数来表示：

$$买方：P_1 = \begin{cases} 1, & P_2 > \dfrac{1}{2} \\[2mm] [0,1], & P_2 = \dfrac{1}{2} \\[2mm] 0, & P_2 < \dfrac{1}{2} \end{cases}$$

$$卖方：P_2 = \begin{cases} 1, & P_1 < \dfrac{L}{E_3 - E_2} \\[2mm] [0,1], & P_1 = \dfrac{L}{E_3 - E_2} \\[2mm] 0, & P_1 > \dfrac{L}{E_3 - E_2} \end{cases}$$

图 4-8 直观地反映了 $P_1$ 和 $P_2$ 的关系：

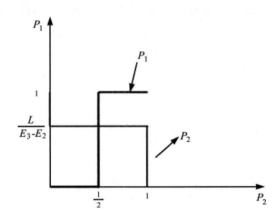

**图 4-8　反应函数与纳什均衡**

图 1 中 $P_1$ 和 $P_2$ 的交点是混合策略纳什均衡，也就是说卖方以 1/2 的概率诚信交易，买方以 $L/（E_3-E_2）$ 的概率选择交易。

综上所述，利用两种方法可以找出混合纳什均衡解，一种是支付等值法，另一种是支付最大化法，这两种方法等效，并且可以得出定理 1：任何混合策略的收益是纯策略收益的加权平均数,因此混合策略的收益一定介于改选纯策略的收益之间,所以博弈的求解只需考虑改选纯策略是否能得到严格的有利改变即可。

由此可得,卖方与买方的混合策略均衡:卖方选择诚信策略的概率为 1/2,买方选择交易策略的概率为 $L/(E_3-E_2)$。也就是说,政府对采取欺诈经营的卖方惩罚力度越大,卖方选择诚信经营所获得的收益与选择欺诈所获得的收益之间的差额越小,卖方通过欺诈进行获利的空间越小,选择诚信经营的卖方比例就越大,必定会超过 1/2,这时参与电子商务交易的买方选择交易策略的就会越多。同时这也告诉我们,政府对欺诈经营的网商采取的惩罚措施越严重,网商选择诚信经营的概率会越来越大,这对于网商生态系统诚信交易环境的改善有着重要的作用。

## 四、结论

网商间进行交易时,信用起着很重要的作用,构建良好的网商生态系统交易环境,对于网商生态系统的发展起着关键作用。本文利用混合战略博弈理论对网商生态系统中的主体即买卖双方之间建立了信用博弈模型,通过该模型的分析得知,对欺诈经营的网商采取一定程度的惩罚措施,有助于促使网商选择诚信经营,网商生态系统中诚信交易环境会得到很好的改善。同时在采取惩罚制度方面,政府以及有关部门必须明确自身的职责,做到及时、有力的惩罚,加大网商失信的成本。作为理性的经济人,卖方会追求自身的利益最大化,失信成本增加,使其通过欺诈获取的收益减少,甚至低于守信获得的收益,这可以促使网商选择诚信经营。本文中,笔者只考虑了混合战略博弈,对于网商生态系统中的信用问题还可以有多角度进行研究,希望对于网商生态系统中的信用问题,有更加深入的研究。

# 第五章　电子商务生态系统实践应用

## 第一节　电子商务生态系统主体及发展环境分析

### 【本节论点】

随着电子商务的发展，电子商务生态系统已经形成并逐步发展壮大，本文主要分析了电子商务生态系统中各主体的角色以及电子商务生态系统的发展环境。

生态系统的概念来自生物学。与生物生态系统类似，商业生态系统的特征是，具有大量的松散联结的参与者，每个参与者都依靠其他的参与者，以取得各自的生存能力和效果。

几乎所有健康的生态系统都可以通过某类核心企业所发挥的特定功能来反映；生态系统中其他成员的效率、创新性和生命力，也与这类核心企业的行为有着根本性的关联。优秀的网络核心企业不但能使庞大而分散的商业网络与顾客联结的难题化繁为简，而且通过为其他企业提供可资利用的"平台"，促进整个生态系统改进生产率、增强稳定性，并有效地激发创新。

商业生态系统理论用动态发展的思想描述了企业与环境之间的关系。我国电子商务当前以客户为导向、共生关系明显的集群化现象，在组织要素、结构、功能等方面都表现出明显的商业生态系统特点。电子商务经过十多年的发展，已经逐步完成从起步阶段到发展阶段的过渡，从无序竞争逐步转入有序竞争，一个良好的电子商务生态正在开放、协同、共荣的大环境下由政府、行业、企业、个人共同创建起来。

## 一、电子商务生态系统

### （一）电子商务生态系统的内涵

Moore（1993）首次提出了"商业生态系统（business ecosystem）"的概念，他将其定义为：以组织和个体的相互作用为基础的经济联合体。Moore 提出的企业商业生态系统包括供应商、主要生产者、竞争对手、顾客、科研机构、高等院校、行政管理部门、政府及其他利益相关者。

利用生态系统理论分析电子商务中各个参与主体的集群现象，可以发现电子商务生态系统是一系列关系密切的企业和组织机构，超越时间和空间的界限，将互联网作为竞争和沟通的平台，通过虚拟、联盟等形式进行优势互补和资源共享结成的一个有机的生态系统，简称电子商务生态系统。电子商务环境下，买家、卖家物流公司和金融机构等均构成种群，种群之间存在着相互依存、相互制约的关系。电子商务生态系统中各"物种"成员各司其职，相互交织形成完整的价值网络，信息、资金及物质等都通过这个价值网络在联合体内流动和循环，共同组成一个多要素、多侧面、多层次的错综复杂的商业生态系统。

### （二）电子商务生态系统的结构模型

电子商务生态系统中的"物种"成员按其定位可以划分为以下几类：

（1）领导种群，即核心电子商务企业，是整个生态系统资源的领导者，通过提供平台以及监管服务，如阿里巴巴，就是为整个电子商务生态系统环境中大部分企业提供平台及相关服务，是整个生态系统资源的领导者，扮演电子商务生态系统中资源整合和协调的角色。

（2）关键种群，即电子商务交易主体，包括消费者、零售商、生产商、专业供应商等，是电子商务生态系统其他物种共同服务的"客户"，如入驻阿里巴巴的各类中小企业。

（3）支持种群，即网络交易必须依附的组织，包括物流公司、金融机构、电信服务商以及相关政府机构等，这些种群并非依赖电子商务生态系统而生存，但可以从优化的电子商务生态系统中获取远超过依靠自己竞争力可得的利益。

（4）寄生种群，即为网络交易提供增值服务的提供商，包括网络营销服务商、技术外包商、电子商务咨询服务商等。这些物种寄生于电子商务生态系统之上，与电子商务生态系统共存亡。

## 二、电子商务生态系统的主体分析

### （一）电子商务生态系统主体的角色

（1）核心电子商务企业：该类企业是整个生态系统的灵魂，决定该系统的发展方向，但是不直接为系统成员创造价值。该类企业通过提供平台、核心技术、交易标准等，整合系统中的各种资源，协调各企业的相互联系。当前在我国企业电子商务应用中，大型骨干企业、中小企业和电子商务网站多线并举，呈现出高速增长的态势。

（2）电子商务交易主体：企业、组织与消费者是互联网网上市场交易的基础。目前，电子商务的发展依赖网络群体的增长，只有当网络群体的数量和消费行为特征趋近于现有的社会群体消费市场时，网络电子商务才能成为主导性的社会商务活动。所以，在整个电子商务市场中，用户更是推动电子商务发展的原动力。未来中国电子商务的发展，将是针对用户、整合交易、搜索、社区、通讯资讯等一系列互联网应用的集合式发展，多维一体的电子商务是未来的发展趋势。

（3）物流公司：长期以来，电子商务发展的瓶颈是物流和网上支付。随着电子商务的业务量越来越大，传统物流企业的运作模式已经很难真正满足电子商务企业的多种需求。由于自建物流渠道成本太高，大多数电子商务平台服务商和网上卖家都采取了选择和专业的快递公司合作的方式。随着电子商务的发展，网商种类也越来越多，电子商务企业涉足物流，传统物流企业也开始试水电子商务，电子商务企业与物流企业的结合促使物流市场的运行更为有序。

（4）金融机构：电子商务最需要解决的是信息流、物流和资金流这"三大流"的正常运转，随着网络信息技术的发展和普及，国内网络银行逐步走向成熟，网络证券和网络保险取得了长足的发展，电子货币和网络支付开始受到青睐，电子银行、电子保险、电子基金、网上理财，非现金支付方式的电子支付模式越来越渗透到人们的生活中，电子金融愈来愈构成了全球经济的重要组成部分，日益成为创新金融组织体系和发展模式，成为方便民众生活的支付工具。出于改善用户体验以及共同促进产业发展的考虑，银企合作程度将进一步加深，第三方支付企业的竞争策略将从提供网关向提供整体解决方案的行业更深策略转变。

（5）电信服务商：主要是为电子商务系统提供系统支持、为电子商务相关企业、组织和消费者在网上交易时提供技术和物质基础的企业，可以分为以下几类：一类是接入服务商（IAP），主要提供互联网通信和线路租借服务，如我国的电信企业中国电信、联通提供的线路租借服务；第二类是服务提供商（ISP），主要为企业建立电子商务系统提供全面支持，一般企业、组织与消费者上网时只通过 ISP 接入互联网，由 ISP 向 IAP 租借线路；第三类是内容服务提供商（ICP），主要为企业提供信息内容服务，如搜索引擎，这类服务一般是免费的，ICP 主要通过其他方式如发布网络广告获取收入；还有一类是应用服务系统提供商（ASP），主要为企业、组织建设电子商务系统时提供系统解决方案，这些服务一般属于信息技术（IT）行业公司提供。

（6）政府机构：在电子商务生态系统中，政府的作用非常关键，政府制定的发展规划决定着我国电子商务的未来，政府起到以下几点作用：营造公正的法律环境；营造公平的竞争环境；营造完善的市场环境。

（7）网络增值服务提供商：此类企业完全依托于电子商务生态系统，属于缝隙型企业，从电子商务生态系统大环境找机会，提供相关服务，以获取一些利益。

### （二）电子商务生态系统主体之间的生态关系

电子商务生态系统中，"共同进化"已成为企业市场活动和竞争的共同目的。每个成员在自我改善与改造的同时，都必须对系统中其他成员加以关注并积极配合以求协调一致，同时，其他成员也应该相应地进行改进并努力实现共同目标。这种生态环境的形成和进化取决于市场主体有序规范的市场行为。这种共生环境不排除竞争，其本质的要求同样是"共同进化"。

## 三、电子商务生态系统的发展环境

电子商务生态系统的外部环境包括经济、社会、技术、政策和法律等诸多方面，外部环境的变化对电子商务生态系统及其主体、主体之间的关系等有着复杂的影响，良好的外部环境是电子商务生态系统健康发展的重要条件。

电子商务的发展离不开稳定经济环境的支持，国家经济环境是构成电子商务生态环境的成分之一。与世界经济形势相比，我国经济一直平稳增长。但我国东西部地区经济发展不平衡，大部分电子商务企业集中在东南沿海城市，地区发展不平衡。

截至 2010 年 6 月底，我国网民规模达 4.2 亿人，互联网普及率持续上升增至 31.8%。互联网商务化程度迅速提高，其中，商务类应用表现尤其突出，全国网络购物用户达到 1.4 亿，网上支付、网络购物和网上银行半年用户增长率均在 30% 左右，远远超过其他类网络应用。

要使我国电子商务快速稳健地发展，除了完备的技术支持和良好的经济环境外，与之相匹配的法律制度更是必不可少。电子商务行业相关法规的匮乏现象正得到国家相关部门的高度重视。从全国"两会"及相关部门工作会议上得知，国家多部门正在酝酿、制订多项电子商务政策，以扶持和规范电子商务产业的健康发展。2010 年 3 月，中国电子商务研究中心发布了《2010 我国电子商务政策解读与预测研究报告》，对 2010 年我国政府多部门力促电子商务法规出台的政策背景、市场背景、各部门关注法规等进行了详细解读。总体来看，电子商务法律的制订会有力地推动电子商务、信息化和相关产业的发展。

除了电子商务生态系统外部的宏观环境外，系统内部的机构之间也存在着内部环境因素，这些生态系统的因素特征构成了电子商务生态系统的演进环境，从而影响电子商务生态系统的演进。

现代电子商务企业要从构建良好的电子商务生态环境出发，遵循共同生存与合作的原则，共同培育一个开放、协同、繁荣的电子商务生态系统。

# 第二节　电子商务信息服务生态系统实践应用

## 【本节论点】

在我国社会经济不断发展的过程中，相关的科学技术也在不断地发展，电子商务为社会企业的发展带来了全新的机遇，并且为企业的发展带来了足够的空间。目前，在电子商务不断发展的过程中，如何创建能够满足电子商务发展的信息服务生态系统，是现代人最为关注的事情。信息服务生态系统应具有动态性、适应性、整体性及协同性，并且系统要与生态圈、信息场和生态链存在一定的联系，创建电子商务信息服务生态系统是非常复杂的过程。在此背景下，本文就对电子商务信息服务生态系统进行分析，并且对其构建和实践应用进行探讨。

在数字信息技术和互联网技术不断发展的过程中，电子商务行业也在不断地壮大，其中的不同主体都以电子商务企业为核心，互联网的不断发展为主体间的联系提供了方便，通过网络能够相互地促进和链接，产业集群化也越来越明显，并且逐渐成为较为庞大的产业链和生态化部落，并具备他们所有的竞争优势。在我国电子商务不断发展的过程中，这种集群化正是产业链不断成熟的标识，在这个生态系统中主体之间能够相互地促进和发展，从而形成共赢的局面，生态系统也在电子商务发展的过程中不断地发展。

## 一、信息服务生态链的合理定位

生态链合理是生态学的基本理论，其方法不仅能够在生物界使用，还能够在人类社会中使用。现代生态学中涉及了多种研究领域，并且使用范围较广，包括企业经营、新闻传播、城市规划等。在现代的信息时代中，人们的各种社会活动都和信息有关，信息生态已经成为人类最基础和最基本的生态链。信息服务系统是具有信息需求及活动的系统，也是信息服务生态主体中的重要内容。影响信息服务系统生态链的主要因素包括以下几点：

第一，社会职责。社会职责是指人在社会中从事某种劳动的社会及劳动划分的独立性及专业性。社会分工指的是人类文明的主要标志，其主要优点指的是使擅长的人做自己擅长的事情，缩短平均社会劳动时间。社会分工对信息服务机构的信息功能生态链具有一定的影响，如果分工较粗，信息服务就要具有多方面的信息智能；如果分工较细，那么信息服务的信息智能较少。

第二，信息资源。信息服务系统主要指的是单位对信息搜集、组织、分析的能力，不同信息服务系统的能力都是不同的，所以社会信息智能、环境的适应程度及信息资源的选择和使用都不同。如果信息服务系统的能力较强，那么它的信息智能就较多。信息资源种类较多的情况下，如果信息资源数量匮乏，那么信息资源的不断竞争就会导致信息服务结构的资源更多，实现这些信息资源的灵活使用，信息服务机构信息资源生态链就较宽。

第三，信息服务机构生存能力。信息服务机构生存竞争能力决定了生态学中生态链的宽度，并且还决定了自身和其他竞争者的抗衡程度，从而决定了自身的信息职能、信息资源、信息时空类型及数量的差别，以此使信息生态学宽度具有一定的差异。如果生存竞争能力较强，那么就能够承担较多的信息职能，为企业的多种用户提供信息服务，占据较多的信息资源，在较大的空间范围及时间范围中进行信息活动。相反，如果生存竞争能力较弱，那么信息生态链就较窄。

在对信息服务生态链进行合理定位的基础上，本文就对在互联网+背景下的电子商务信息生态系统进行研究和实践应用，从而使电子商务能够处于集群化的生态部落中相互依存及发展，促进现代社会电子商务的健康持续发展。

## 二、电子商务信息服务生态系统的生态因子

电子商务生态系统中的因子能够实现信息及资源的相互交换，以交易为目的，在竞争及淘汰的过程中形成相对适应的因子主体，以此构成不断发展及完善的电子商务生态系统。

### （一）电子商务信息服务生态系统中的因子

电子商务是一种相对概念，标准及归类的不同所创建的生态系统也是不同的。电子商务生态系统就具有多种不同的子生态系统，子生态系统中也有多个生态因子。企业物种各有不

同，并且具有自身的价值，和电子商务核心企业创建一个有机整体，从而成为电子商务价值的生态链。不同的子生态系统创建成为现实生活中的生态系统，其中的核心主体具有竞争能力，通过生物链选择具有较强竞争能力的伙伴，通过优胜劣汰的原则创建成为价值较为稳定的生态伙伴，从而能够产生多个健康子生态链，以此形成电子商务生态体系。在我国电子商务市场不断发展的过程中，产生了产品服务多元化及专业化的分工，主要包括电子商务衍生服务、核心交易服务、社会服务、外延组织机构服务及支撑服务。

电子商务信息服务生态系统主要包括各种联系较为密切的企业和组织，比如电子商务中的核心骨干企业，供应商、买卖双方、金融/支付机构、物流及保险公司、软件供应商等，将互联网作为交流的平台，通过联盟的形式实现资金及信息的融合及交流，从而实现资源的共享，以此实现群体生态增值目的。

### （二）电子商务信息服务生态系统因子的关系

电子商务生态系统中的核心企业和其他合作者具有产供销的价值链，从而形成电子商务系统的价值网，企业成员具有跨环境及行业的电商动态战略联盟，将资源、共享信息进行整合，并且实现信息的协调，以此实现整体功能及业绩的优化，将商业生态的整体参与到竞争中，以此创建和其他企业不同的产业群。

### （三）电子商务信息服务生态系统的组成

#### 1. 生物环境

（1）平台核心层

平台核心层中的企业都是由电子商务核心企业因子决定的，平台作为电子商务领域中的基因，同样也是电子商务生态化系统创建过程中的重要条件，其中包括买卖双方和平台服务的提供商。一个较为优秀的网络核心企业不仅能够方便商业网络及顾客的联系，还能够为其他企业提供使用资源的平台，从而使生态系统的生产效率能够更加稳定，以此有效激发创新。

（2）平台衍生层

平台衍生层是以平台核心层为基础创建的，有了平台核心层的生物主体交易，就会有相对应的衍生服务及支持服务迎合，比如营销服务商、运营服务商及软件服务商。

（3）平台支撑层

平台支撑层是以平台核心层为基础创建的，有了平台核心层的生物主体交易，就会有相对的支撑服务，比如金融、物流及云计算等服务商。

#### 2. 非生物环境

（1）平台外延层

平台外延层的主要目的就是为平台核心层的交易两方提供促进的服务，提高电子商务市场环境的有效率，平台外延层作为电子商务的生态催化剂，能够有效促进生物环境中各个层次的商业交易，包括高校的科研成果、政府的导向政策等。

（2）平台社会层

平台社会层的主要目的是在电子商务运行的过程中，一系列的社会环境对商家和消费者造成了一定的影响，包括技术、政策及经济等。

### 3．竞争环境

竞争环境中具有竞争层，电子商务环境的竞争并不是企业竞争，而是环境，是企业生态系统的竞争。不同电子商务生态因子具有不同的层级，从而创建生态圈的生物和非生物竞争环境。企业要想创建合适的政策，就要根据自身的情况选择针对性的生态环境。电子商务作为生态化系统，在主体和各层外界实现信息交流的过程中，系统在不断优化、吸收和完善，那么电子商务系统也具有积极活力，其中的生物和非生物物体都在不断地成长，并且观察驱动因素、环境及价值理念的变化，从而能够重新创建商业生态系统，提高竞争力，使电子商务更加生态化。

电子商务生态系统=生态环境、竞争环境及非生物环境=衍生层、核心层、竞争层、支撑层、社会层及外延层。电子商务信息服务生态系统中的因子能够完成自身的职责，生物及自由环境中的因子都能够实现协同和协作发展，从而能够在外界环境中得到信息，并且通过信息组成多角色及完善的电子商务信息服务生态系统。

## 三、江苏电子商务信息服务生态环境的优化实践

### （一）江苏电子商务信息服务生态环境分析

电子商务和自然界中的生态系统及空间关系相同，生态环境的空间不同，所以在整个生态环境中存在的生态物种也是不同的。现在电子商务发展较为良好的区域主要包括广东、北京、上海及江苏等地。电子商务由于生态环境不同而具有区域特征，在电子商务不断深化的过程中区域特征逐渐地褪色。目前，江苏电子商务的发展与浙江及北上广等地区的发展相比较为落后。

### （二）江苏电子商务信息服务生态环境优化应用

#### 1．电子商务生态系统的企业战略优化实践

电子商务环境中企业的发展较为复杂，商业生态系统中的主要内容之一就是电子商务生态系统企业战略，所以就要在电子商务商业生态系统治理中设置核心企业角色，从而提高商业生态系统竞争力。这点在市场经济发达国家中成立，但是在我国却不乐观。提高商业生态系统竞争力面对的主要问题为：缺少骨干核心企业角色；骨干企业价值破坏严重。那么江苏就要将优秀企业转变为骨干企业，从而降低价值破坏程度。

目前处于江苏电子商务前端的优秀企业主要包括苏宁易购、途牛网、同程网等，由于电子商务的重要性，核心骨干层要比其他因子更加重要，如果没有核心层，那么社会层、外延层等其他层都不能够进行服务。那么就要以江苏现有的电子商务为基础，有效促进核心企业

的扶持程度，目前核心层企业主要集中在苏州、南京等地区。

### 2. 优化电子商务生态系统支撑

电子商务生态系统中的内部资源供给是统一对外开放的，自身的资源超出了组织和企业。消费者及生产者的服务为衍生及支撑服务，并且两种服务也越来越专业。在电子商务支撑服务体系及服务平台越来越成熟的过程中，电子商务服务行业也在不断地发展，这种全面平衡的状态表现在阿里巴巴电商中。电子商务是整个生态系统的核心，以此孵化出多个子系统，从而为企业创造相互依存的生态环境，并且使系统能够渗透到其他领域，对产业的上下游具有一定的影响，以此实现整个行业的改造。

在江苏电子商务的战略不断优化的过程中促进衍生行业的发展，扶持电子商务核心企业的多维度发展。创建能够满足电子商务企业核心发展的社会衍生及支撑行业规划需求，研究区域及行业性的平台发展模式，能够使江苏电子商务行业不断地扩大，从而健康持续发展。

总而言之，在我国社会经济市场不断发展的过程中，企业中的电子商务具有重要的地位，能够提高企业的内在竞争能力，以此有效提高企业的经济效益。目前，电子商务交易活动的生态系统创建，已经成为人们所重视的话题。电子商务生态系统的特征较为明显，在创建的时候要以生物链为基础，生物链在系统发展过程中具有重要的作用。要想促进电子商务生态行业的发展，就要明确电子商务在发展过程中的问题，从而改善电子商务生态系统环境，促进电子商务生态系统的良性发展。

# 第三节　电子商务进农村推动精准扶贫的机理与路径

## 【本节论点】

推动电子商务进农村，成为一种农村贫困地区精准扶贫方式。我国扶贫工作已进入攻坚阶段，扶贫脱贫任务更加艰巨，在此背景下，如何实现电商扶贫目标备受关注。在文献分析的基础上，采用定性研究法，结合对淘宝村成功案例的分析，对传统扶贫的痛点进行梳理，并尝试探究适合电商扶贫工作的理论支撑。通过研究认为，实施精准扶贫，运用供应链理论、协同理论与生态系统理论，能有效推进电子商务进农村，促进电商精准扶贫。在电子商务进农村的推进过程中，要关注产业扶贫、教育扶贫与电商扶贫的协同推进以及政府、企业与个人的示范效应，还要依托平台、技术支撑，夯实基础设施，实现多元协同运作。

## 一、问题的提出

我国扶贫工作进入攻坚阶段，尤其是中西部农村地区贫困人口规模仍较大，扶贫脱贫难度更大。自 2004 年起，中央"一号文件"连续 13 年聚焦"三农"问题。国家在 2015 年的《中共中央国务院关于打赢脱贫攻坚战的决定》中明确提出：要加大"互联网+"扶贫力度，实施电商扶贫工程。中国共产党十八届五中全会提出"互联网＋"与经济发展相融合的战略构想，并将"互联网 ＋ 精准扶贫"，即电商扶贫，列为进一步打好扶贫攻坚战，实现全面建成小康社会目标的重要举措。2016 年中央一号文件明确了支持涉农电子商务平台建设的政策。2017 年中央一号文件明确提出要推进农村电商发展，推动电子商务进农村，实则是电子商务与农村、农业、农民结合，涉农电子商务发展包括 3 种形态，即农村电子商务、农业电子商务和农产品电子商务。此外，还涉及农资电子商务。国外文献多关注农产品电子商务、农业电子商务，又多聚焦交易模式与平台、使用意愿与影响因素、电子商务与供应链等；个别文献涉及农资电子商务方面，如农民网购农资的影响因素、农资企业通过电子商务获取消费者信任的策略。国内文献研究面较广，代表性文献的研究内容涉及村民信息消费成长效益、农村流通供应链、落地服务体系、物流、消费者购买意愿、法律等。个别学者提出新的发展趋势，如涉外农产品电子商务。电商扶贫作为推动农村地区精准扶贫的国家战略，提出时间尚短，业界仍需加强该方面的相关研究。随着电子商务的普及与推广，在国家精准扶贫战略下，电子商务成为带动农村消费、引领农业生产、增加农民收入的策略。旨在从促进电商精准扶贫的角度出发，构建电子商务进农村运行机理，提出农村电商精准扶贫推进路径，为推动农村电子商务发展献计献策。

## 二、传统扶贫存在诸多痛点

### （一）扶贫目标的精准定位问题

我国贫困人口规模庞大，分布比较分散，尤其集中在中西部农村、革命老区、少数民族地区、偏远山区等地域，加上扶贫的核查工作缺乏深入性，扶贫对象以主观推测为主，常导致扶贫对象缺乏精准度。在进行贫困人口核查时，贫困人口的识别度较低，主要由于贫困户在逐级指标下派的方式中无法被完全识别，同时贫困标准的不精确也易导致贫困户的贫困程度难以精准定位。由于在贫困帽子下能获取不少资源，加上信息不对称因素影响，贫困县、贫困乡镇、贫困农村与农户更倾向于获得贫困身份，多采取隐瞒信息等方式，不愿意脱贫摘帽，影响扶贫对象的精准辨识。

### （二）扶贫理念的推行偏颇问题

传统扶贫理念多聚焦于贫困户解决温饱问题，多以救济式扶贫、输血式扶贫为主，过度注重短期效果，忽略长期效果。传统扶贫理念多关注贫困户收入增长，忽略生存环境、生态保护，忽略以人为本与可持续发展的结合。这些理念与精准扶贫目标，即全面建成小康社会存在一定差距。传统扶贫理念还多聚焦"漫灌式"扶贫，"漫灌式"扶贫常导致工作效率较低、资金使用缺乏管理等问题，对精准扶贫目标的实现存在较大阻碍。基层部门，甚至基层干部在工作绩效考核驱动下，出于政绩表现需求，习惯性抓示范点，导致扶贫进度放缓，这也不利于精准扶贫工作的开展。

### （三）扶贫重点的内容偏差问题

传统扶贫重点多聚焦脱贫数字、贫困户收入增长、扶贫资源投入等层面，较少剖析致贫原因，也缺少贫困综合动态管理思维。虽然扶贫模式较多，如对口帮扶、生态移民搬迁、金融扶贫、教育扶贫等，但生态扶贫、长效扶贫模式较少。多以救济式扶贫为主，缺乏造血式扶贫，重物质帮扶，轻脱贫能力培养。在具体扶贫活动中，还易出现对同一扶贫对象重复慰问、重复走访、定点走秀等现象，既造成了资源的浪费，也干扰了贫困户的正常生产与生活。

### （四）扶贫对象的主体意识问题

我国贫困人口多为农民，农民是精准扶贫的对象。由于农民整体文化水平偏低、受传统生活观念限制、安于现状的心理状态等因素，易导致贫困对象的主体意识相对缺乏。在扶贫工作开展的过程中，农民对于国家相关政策的惠民性不甚了解，缺乏参与的积极性。传统农村环境下，农民多以家庭、亲族利益为导向，甚至在长期贫困生活状态下，产生对国家与政府的不信任，且农民自主脱贫意识不强。在长久的传统扶贫模式影响下，一些贫困地区形成了"等、靠、要"的风气，部分贫困户更不愿摘掉贫困帽，有的地区甚至跑路子占据贫困指标，从而造成"年年扶贫年年贫"的怪现象。

### （五）扶贫主体的监管考核问题

政府作为我国扶贫工作开展的主体，在扶贫对象筛选、扶贫政策执行、扶贫效果考评等工作中缺乏行之有效的监督管理，导致扶贫对象筛选出现偏差，扶贫资源高投入但未形成高回报，扶贫工作进展慢等诸多问题。传统扶贫开发方式更难使扶贫政策与资源精准流入贫困重灾区。由于缺乏有效的监管或监管落实不到位，加上亲缘与利益趋向等因素，一并加剧了扶贫工作的深入。此外，易导致扶贫资源浪费，甚至滋生腐败问题。由于扶贫开发缺乏激励机制，制度层面的管理缺失更为精准扶贫带来巨大阻碍。

## 三、电商扶贫运行机理

电商扶贫是"互联网＋"与"精准扶贫"的结合，电子商务与信息扶贫是互联网时代扶贫工作的新特点。以互联网促进扶贫开发，以电子商务推动精准扶贫，实现扶贫工作的新跨越。我国经济进入新常态，对精准扶贫产生各种影响，给精准扶贫提出新的更高的要求。从近两年的精准扶贫实施情况看，存在一些影响精准扶贫效果的突出问题。电商扶贫为实现扶贫工作提供了一条全新途径，将其纳入扶贫工作体系的条件已经成熟。在信息社会中，互联网以其极具优势的速度、广度、宽度与深度渗透到社会很多角落，电子商务又是一种极具互联网特征的新经济模式、生产方式与生活方式，并迅速扩散到我国广大农村地区，日益成为农村地区生产、生活与消费的重要媒介。电子商务联通了农村、农户、消费者与市场，使得农户作为生产者能更方便地购买生产资源、销售农产品，为消费者购买各类生活用品，也为农户获取信息、知识、技术与生产资料提供新渠道。农村电子商务的发展，有利于改善农村与农民的生存与发展空间，还是拓宽增收致富的渠道与改善生活质量的载体。电商扶贫不仅可以提高贫困户的经济收入，更多的价值在于提升贫困户的脱贫能力与生活质量。在国家扶贫战略推动下，电商扶贫作为农村地区精准扶贫的一个突破点，逐渐受到诸方关注。

## （一）供应链思维建立电商扶贫商品流通链条

John T. Mentzer 等（2001）认为：供应商是整合与管理采购流通，从全系统视角控制材料，多功能与多层次的供应商扩展为战略合作伙伴关系，并提出将最终用户纳入供应链成员中。随着理论研究的不断发展与成熟，供应链不再局限于价值流通、链条结构及管理思维，而是扩展到一个系统范畴，围绕核心企业，通过对商流、物流、资金流、信息流、人力流等资源控制，从商品供应的源头到用户的端口，实现系统内关联企业、组织或个人的整体价值增值。供应链运行机理更多强调要立足于供应链条上的核心节点企业，依托信息技术与管理方法，整合供应链条上各类资源，推动供应链各节点企业及企业与环境间的协调运转，旨在抑制或削弱供应链条上的各类问题，刺激供应链的整合优势，实现供应链整体效能最大化。电商扶贫实则是依托互联网络载体实现商品流入或流出农村市场。伴随信息技术的快速发展，企业间、商业活动各环节间的交流愈发紧密，市场竞争愈演愈烈，供应链思维与价值也愈发重要。电商扶贫旨在实现农资产品高效流入农村市场，实现农产品高效流出农村市场。传统市场活动运行中，农资采购与农产品销售多依托线下传统渠道，由于信息不对称导致农民购买的农资产品价格、质量方面都存在较多风险，农产品成熟后销路不畅既降低了农村经济收入，也易导致农村入不敷出，甚至出现瞬间返贫的情况。通过导入供应链运行机理，依托互联网络载体，可以有效打通农资产品与农产品商业流通链条，实现信息无缝对接，使产品高效流通。

## （二）协同学思维塑造电商扶贫协作效应

协同学较早由赫尔曼·哈肯（H. Hake）提出并创立，认为整个环境的各系统之间或系统各要素之间项目协调，使得整个系统形成个体层面所不存在的新的结构与特征。协同思维是构建系统的要素或子系统间的协调与同步思想。此外，邱国栋等（2007）从价值生产视角提出"协同效应=共用效果+互补效果+同步效果"的理论分析框架。电商扶贫是一项复杂的系统工程，涉及众多参与主体，从单点或环节开展都无法实现系统效益最大化。就电商扶贫工作而言，应在点—点协同、点—线协同、线—线协同基础上形成系统的综合运作协同效应。所谓点—点协同，既包括电商扶贫工作具体业务层面上各动作的停顿点间的运作协同，还包括各活动运作层面上节点企业间的关系协同。所谓点—线协同，是将电商扶贫工作从横向面切分为许多工作链条，不同链条上各业务动作的停顿节点或各节点上的企业与该链条协同运作。所谓线—线协同，是将电商扶贫工作所切分的各活动链条视为单一完整活动线，追求不同活动线间关联或协调活动的协作运行。促进电子商务进农村推动精准扶贫，该项工作从线条层面分为商品流动线、资金流动线、信息流动线等多线条。协同思维开展电商扶贫工作，通过点－点协同、点－线协同、线－线协同，旨在实现综合线条构建的系统网络协同运作。

### （三）生态系统思维打造电商扶贫系统效益

生态系统源于生态学，被引入商业领域，提出了商业生态系统。经多位学者完善与阐述，构建了商业生态系统理论体系；国内学者也逐渐关注商业生态系统，将其引入国内研究领域。电子商务生态系统衍生于商业生态系统，起初有网商生态系统的提法，随后个别学者提出并研究了电子商务生态系统。根据生态系统演进轨迹，将其应用在电商扶贫中。农村电子商务除依托电商平台贯通供应与需求两端外，离不开硬件设施、网络基础等基础设施，还需要依托物流、支付、人才等关联环节，所有围绕电商平台实现农村商品流入与流出的配套服务都是农村电子商务生态系统的构成要素。农村因其地理条件、农民观念、基础设施等诸多因素影响，导致电子商务进农村存在很大阻碍，物流成本、支付成本、交易成本相对城市市场都会有所增加，各类风险也比城市市场多。在电商扶贫工作中，需要关注电子商务生态系统的协同效应，尤其要聚焦农村基础设施、物流、支付等对农村商品流入与流出活动产生重要影响的环节。

## 四、电商精准扶贫推进路径

### （一）产业扶贫、教育扶贫与电商扶贫实现协同

在推动电子商务进农村的过程中，电子商务为农村带来新的经济发展模式，也带来脱贫致富的新思路，但是电子商务更多体现为一种交易模式或商品交易场所，无法脱离商品要素，以及包括人才在内的其他关联要素。电商扶贫需借助产业扶贫与教育扶贫，尤其追求彼此间协同，实现在农村精准扶贫中的协同效应。通过分析诸多"淘宝村"的成功经验，在发展电子商务时，淘宝村无不立足于产业基础或产业优势，比如河北清河的毛纺织产业、江苏沙集的家具产业、山东曹县的儿童演出服饰产业、甘肃陇南的农特产业等。借助于电子商务流通模式，可以充分发挥地区优势的产业资源，将产业优势转化为经济优势。与传统工业经济相比，电子商务更适合于低自然资源依赖度的地区，在贫困农村地区，工业经济偏少，自然条件不好，更多依赖于第一产业，这也为电子商务进农村提供了天然的便利条件。依托产业经济，形成产业集群，结合本地资源，形成商品特色，更利于农村电子商务发展。特色化商品具有市场独特性与稀缺性，行业竞争程度尚不很激烈。这些商品经过长期发展，已具备一定规模，从商品供应链、商品知名度、区域影响力以及从业人员优势等方面，都利于推动电子商务进农村实现精准扶贫。诸多淘宝村的成功验证了产业经济，尤其是特色商品经济形成的竞争优势，如福建安溪的滕铁、山东博兴的草柳编与老粗布、浙江丽水的青瓷与宝剑、江苏沙集的板材家具等。特色产业经济效应的形成，有的是依据当地资源形成的传统的产业

优势，如浙江义乌的小商品产业、河北清河的毛纺织产业等，有的则是后天建设成的特色产业经济模式，如江苏沙集的家具产业等。传统资源进行产业化发展，依托电子商务进农村，推动农村当地资源优势转向产业优势，实现产业扶贫与电商扶贫的结合，在精准扶贫中实现协同效应。

造成农村贫困的原因既有自然资源等客观因素，也有人力资本等主观因素，而自然资源并非导致贫困的重要因素，人力资本尤其是人的能力与素质是决定贫富的关键因素。精准扶贫要立足于人力资本层面，通过教育扶贫提高人口质量。从农村电子商务商品供应链到农村电子商务生态系统，所有环节或活动都无法脱离人力资本，必须依托人来完成各项活动。就农村电子商务发展现状来看，人才短缺的问题尤其突出，这与农民较低的文化水平现状有关，也与农村电子商务从业人员现状有关。在农村地区，农民群体的整体文化水平偏低，因受传统落后观念的限制，农民群体对于新生事物的接受度较低，与外部环境接触较少，对于信息技术的应用水平也较低。除了农民群体外，从事其他关联活动的群体文化水平也不高，整体的人口质量与城市相比存在很大不足。人才更易于流向城市，只有极少的人才流向农村地区，或返乡从事创业活动。较快的农村电子商务发展趋势，对于各类人才的需求数量与质量都在快速增长，与人才供应现状形成了巨大的反差。通过教育扶贫，可以有效缓解甚至解决电子商务进农村的过程中的人才短缺问题。教育扶贫需要在普惠政策基础上施行特殊政策，扩大农村教育资源。在贫困农村地区，普及学前教育，推行义务教育资源均衡发展，实现普通高中教育特色发展。职业教育是实现教育精准扶贫的重要方式，在推进教育扶贫时更要加强职业教育向农村地区倾斜。在推进职业教育实现教育精准扶贫时，要以造血式扶贫为主，以适龄贫困农户为精准帮扶对象，以职业能力教育为主，主推培训周期短、培训效果强、见效时间快的职业教育。此外，还应提高农村地区师资的整体水平，扩大资助扶持覆盖面，解决留守儿童的教育问题，鼓励外出务工群体与毕业生返乡就业或创业，并激励他们采用各种方式对周边群体的帮扶与培训。通过教育扶贫与电商扶贫的结合，为电子商务进农村发展提供各类人才，弥补就业人群的整体能力短缺，补充现有的人才缺口。

### （二）政府支撑、企业牵引与个人示范形成合力

在精准扶贫工作中，政府需要承担重要的角色，尤其在一些基础性资源建设中，都需要由政府为主体来建设。在农村电子商务生态系统中，政府是重要的支持物种，政府是推动电子商务进农村的重要推力，也是农村电子商务生态系统健康良性发展的重要支撑，尤其基层政府部门的作用更加凸显，以县、乡镇、行政村形成的三级基层政府机构以及各行政职能部门对于产业扶贫、教育扶贫、电商扶贫工作会产生重要的影响，更对精准扶贫负有重要责任，尤其在一些活动中，有无政府的支持结果差异会很大。政府需要推出许多政策或措施，需要对电子商务进农村工作进行引导与推进。在交通设施、金融设施、信息网络、教育资源等方面，政府是建设主体，也是资源投入的主力军。

企业是市场活动的主力军，尤其大型企业的马太效应更加显著，对整个行业发展产生巨大的拉动效应。在电子商务进农村发展过程中，以阿里巴巴、京东、苏宁为代表的传统电子

商务巨头纷纷起着重要的示范与牵引作用。众多企业将农村视为电子商务发展的重要市场。阿里巴巴、京东、苏宁早在 2015 年就已将开发农村电子商务市场作为公司重要战略。尤其阿里巴巴近两年的表现十分显著，据阿里巴巴集团副总裁方建生表示，截至 2016 年底，阿里巴巴通过农村淘宝项目，在全国 29 个省的 600 多个县 3 万多个村建立了电子商务服务体系，包括 161 个国家级贫困县和 129 个省级贫困县，探索建立阿里巴巴的电子商务扶贫体系。不仅如此，阿里巴巴与国家发改委在 3 年内共同支持 300 余个试点县（市、区）的返乡创业试点，以发展农村电商；与共青团中央启动"千县万村百万英才"项目，计划 3 年内将培养 100 万名农村青年电商人才、10 万名致富带头人、2000 名创业导师。阿里巴巴还与国家部委通力合作，致力于农村电商人才培养，旨在结合电商扶贫与教育扶贫，以实现农村地区精准扶贫。

农村居民与周围群体的交流更加密切，与费孝通先生提出的"熟人社会"现象非常吻合。传统社会观念在农村根深蒂固，农民易受到身边邻居、亲朋好友影响。模仿与从众是农村的一大特色。基于这一特征，成功的农村电子商务从业者能够起到示范与样板作用，易带动周边农民开展电子商务活动，从而推动电商扶贫。在江苏沙集模式中，沙集镇东风村年轻人孙寒既是沙集电子商务的首批创业者，也是沙集模式的重要构建者，以他为代表的电商从业人员对于沙集电商扶贫工程发挥了非常重要的示范与拉动效应。阿里巴巴上市撞钟人之一王小帮，在山西农产品电子商务建设中也是非常重要的样本案例。政府、企业与个人协同运作，更能够推进电子商务进农村的建设，如 2017 年 2 月，阿里巴巴与河南光山县政府联合举办的"阿里行业小二走进光山培训会"，旨在培养个人从事电子商务的业务技能。

在个人层面，除了返乡青年能起到示范作用外，大学生村官、帮扶人员都可以起到电子商务进农村的示范作用。如在甘肃陇南，就涌现出橄榄油书记、花椒县长、苹果乡长……，他们既是政府帮扶干部，也是精准扶贫与互联网+完美结合的代表，目前电商扶贫已成为陇南经济发展的利器。

### （三）平台依托、基础先行与技术支持相辅相成

从农村所需商品供应链、农村电子商务生态系统视角看，电子商务进农村并非简单地买台电脑、拉条网线、开个网店那么简单。由于农村地区现状与城市相比差距较大，尤其在基础设施方面短板较多，农村发展电子商务无法回避落后的交通运输网络、金融生态环境、人才供给以及其他配套资源。在发展农村电子商务时，急需弥补基础设施不足，加快基础设施建设，还需要以技术为切入点，深挖技术支持价值，同时依托电商平台。电商平台是电子商务供应链的核心节点，是电子商务生态系统的核心物种，也是联通农村电子商务交易活动的买方与卖方的桥梁。就农村电子商务发展现状看，各类电商平台处于无可替代的优势地位，具有很高的话语权，尤其是具有雄厚实力优势的电商平台，对于农村电子商务发展具有举足轻重的作用。

与城市相比，广大农村地区在发展农村电子商务时都会遇到薄弱的基础设施难题。我国农村地区地域广袤，地理空间差异明显，尤其是一些偏远山区的地理条件更加恶劣。网络基

础设施设备不足，电脑保有量低，网络普及率低，网速慢，一定程度上阻碍了电子商务进农村的发展进程。农村交通网络不足，交通运输道路少，道路质量不高，仓储资源偏少，导致物流时间久，物流成本高，物流效率低。人才也是发展农村电子商务的问题之一。金融机构偏少、银行网点不足一并制约了支付环节的发展。推动电子商务进农村，首先要解决的是农村电子商务所需要的诸多基础设施设备、基础资源条件等，这些基础条件是农村电子商务生态系统的支持物种，能够促使农村商品供应链的通畅，实现多方协同效应。成熟的淘宝村，大多都积极建设基础设施，为电子商务发展构建基础条件。如陇南在发展电子商务的过程中实施了"宽带进村流量补助工程"，对试点贫困村上网流量进行补贴，投资加快乡村网络建设，实现乡镇 4G 网络全覆盖、试点贫困村宽带网络全覆盖；三年间，硬化通村公路 1 万公里，行政村公路通畅率在 95% 以上，有效破解交通瓶颈；加快农村物流设施建设，整合发展各类物流企业、快递服务站、村邮站，构建了"县区有物流园，乡镇有快递服务站，村里有代办点"的物流快递服务网络；筹建了西北首家电商职业技术学院，累计培训 17 万人次，弥补了农村电子商务所需的人才短板。

电子商务是信息技术发展的产物，其发展受到信息技术发展的影响。推动电子商务进农村需要依托信息技术、网络技术、通信技术以及其他诸多新兴技术，在精准扶贫方面，更需依托大数据技术与云计算技术等。大数据技术与精准扶贫的有机结合，实现对贫困户的精准筛选与识别，依托云平台与数据管理系统构建精准扶贫大数据平台，通过数据对扶贫信息进行综合分析与动态管理。通过应用大数据技术，对精准扶贫过程中的资源投入、实施效果、腐败问题等进行实时监管，杜绝资源的浪费、提高监管效果。大数据技术还可以帮助农村电子商务分析网络痕迹、消费偏好、产品的市场潜力等，提高其市场竞争力。如贵州的"扶贫云"以 GIS 为基础，以移动设备端为载体，构建以建档立卡贫困户和项目资金为重点的扶贫工作移动巡检系统，夯实了精准脱贫的信息基础；甘肃、四川、广东、广西等地陆续将大数据技术应用于精准扶贫工作，构建大数据精准扶贫应用平台，效果显著。

## 五、结论与讨论

通过推动电子商务进农村，在政策推动、思想引导、基础建设、人才培训等多方面形成多方合力，实现电子商务带动农村消费，引领农业生产，增加农民收入。通过诸多淘宝村的成功案例可见，电子商务具有促进农村精准扶贫工作推进的作用。依托电子商务的特征与优势，电商扶贫较传统扶贫更适合贫困农村地区与贫困农户的脱贫工作。电子商务具有覆盖面广、进入门槛低、时空限制少、复制性高等优势，在电商企业与政府机构推动下，电子商务能够充分发挥农村特色商品资源，利用闲散劳动力等特征，实现农产品上行，促进商品流通，不断推动贫困人口利用电商创业，提升就业能力，拓宽贫困地区特色优质农副产品销售渠道和贫困人口增收脱贫渠道，让互联网发展成果惠及更多的贫困地区和贫困人口。

# 第四节　基于扎根理论的电子商务产业园区形成路径探索

## 【本节论点】

　　本文运用扎根理论，使用 Nvivo.10 的质性研究辅助工具，以广州岭南国际电子商务产业园为例，构建了电子商务产业园区的形成和发展路径模型，并通过理论饱和性检验进行了验证。模型反映了电子商务产业园区在不同阶段的运营方式、行为模式和生态关系，在此基础上分别从政府和园区的角度提出了促进电子商务产业园区发展的对策。

　　近年来，随着电子商务企业数量激增，电子商务行业迅速发展，各地开始大力兴建电子商务产业园区。据阿里研究院提供的数据，截至 2015 年 3 月底，全国电子商务产业园区数量已经超过 510 个，在众多产业园、创业园、软件园中聚集了不同规模的网商和电子商务服务商。虽然电子商务产业园区的集聚效应开始凸现，但是出现了较多的问题：电子商务产业园区的盲目建设，电子商务产业园区两极分化严重，很多园区存在经营不善、入园企业流失严重的问题，未能发挥产业集群的正外部性。基于以上原因，本文拟运用扎根理论对目前运营较为成功的电子商务产业园区的形成和发展路径进行探索性研究。

## 一、相关理论研究回顾

　　国外对于电子商务产业园区的研究主要聚焦于讨论信息化对于产业园区发展的利弊。如 Cooke（2001，2002）做了大量的研究来解释园区的创新能力，主要关注园区内企业通过信息化工具所进行的正式与非正式的交易及其伴随的知识转移模式。研究认为，信息化使得园区内企业间的交互作用增强并且促进了园区内部知识的共享。Hicks 等人（2000）的研究也表明信息化和电子商务有利于出口导向型园区更好地融入世界市场、输入知识，从而有助于园区保持良好的创新能力和竞争力。

　　国内关于电子商务产业园区的研究开始于近几年，包括界定电子商务产业园区的内涵、总结电子商务产业园区的主要模式、分析电子商务产业园区的构建及其运行机制。代表性文献包括：蒋定福等（2012）认为电子商务产业园区是指一群在地理上邻近或业务上有关联性，将互联网作为销售产品、提供服务的平台，以实现机构或个人商务目标的企业和机构所组成的聚集体。陈德刚（2012）归纳了目前电子商务产业集群的几种发展模式，包括电子商务产业园型、龙头企业主导型、第三方平台型、行业平台型四种模式。蒋定福等人（2012）从优化电子商务行业环境、发展电子商务第三方服务机构、建设电子商务产业载体、培育龙头企业四个方面研究了上海推进电子商务产业园区建设的策略。

考虑到电子商务产业园区的建设和发展仍属于新生事物，相关研究并不多见，对电子商务产业园区形成路径的探索还没有引起学术界的关注，因此本文拟运用扎根理论对于电子商务产业园区形成路径做探索性研究，以期在扎根理论的基础上总结电子商务产业园区形成和发展路径的模型。

## 二、研究方法——扎根理论

本研究以所选取的电子商务产业园区的相关新闻报道、研究论文、访谈资料、官方网站资料等为研究对象，考虑到这些二手资料都是文字叙述性的，因此本文拟采用扎根理论（Grounded Theory）这一探索性研究技术。扎根理论主要运用于对二手定性资料进行研究分析，首先需要搜集与整理系统化的资料，然后运用理论演绎与理论归纳去发掘现象背后的理论。

扎根理论特别强调从资料中提升理论，认为只有通过对资料的深入分析，才能逐步形成理论框架。这是一个归纳的过程，从下往上将资料不断地进行浓缩。资料分析的过程主要分为三个主要的步骤，依次为开放性编码、主轴译码和选择性译码。开放性编码指将资料记录进行编码并逐步进行概念化和范畴化，主轴译码是指通过运用因果条件、现象和脉络将各范畴联结起来提炼主范畴和副范畴的过程，最后选择性译码是指选择核心范畴，并将其系统地和其他范畴联系在一起，形成完整故事线的过程。研究最终在故事线的基础上，构建和发展理论框架。

## 三、我国电子商务产业园区的形成路径研究

结合我国电子商务产业园区的发展情况，根据相关资料的可获得性以及丰富程度，本文通过扎根理论的研究方法，使用 Nvivo10 的质性研究辅助工具，选择以广州市岭南国际电子商务产业园为典型案例分析电子商务产业园区的发展路径，并以浙江省杭州市东方电子商务产业园、义乌真爱网商创业园和网邦电商园为发展路径模型饱和度检验的样本，通过饱和度检验完善模型。

### （一）案例园区基本情况

岭南国际电子商务产业园是由广州市岭南电子商务产业园有限公司重点打造的现代化国际电子商务集散地，是由传统鞋商（岭南鞋城）转型而成的电子商务产业园区。园区办公面积 25 万平方米，可提供 2000 多套办公室，容纳 2000 家电子商务企业。

### （二）资料收集和筛选阶段

为保证对电子商务产业园区发展路径的充分描述，资料收集采用了多种渠道，这些渠道包括文献资料、档案资料、访谈、搜索引擎条目等。最终，本文搜索到相关文献、新闻、研

究报告、视频、访谈等各类资料超过千条，经过相关性和重复性的筛选，获得相关的资料 60 余份，将其导入 Nvivo10 中待用。

### （三）扎根理论分析

#### 1. 开放性编码

开放性编码通过对原始访谈资料逐句进行编码，从中产生初始概念，发现资料的概念范畴。在对岭南电子商务产业园形成路径进行开放性编码的过程中，根据岭南电子商务产业园的市场定位、策略和具体的活动等类目来进行开放性编码，形成了"园区转型前基础条件""园区转型中间状态""园区转型升级内外条件"等节点，并将时间作为形成路径的主要参考。

#### 2. 主轴译码

主轴译码主要是发现范畴之间的潜在逻辑联系，发展主范畴和副范畴，即将开放性编码得到的节点进行进一步的整理和分层，进行一定的聚类，并阐述主范畴和副范畴之间的关系。主轴译码主要依据的是时间树节点和源自资料的产业园不同阶段的定位和愿景，将开放性编码的结果进一步整理和归纳可得主要的四个主范畴和二十个副范畴，主范畴分别是传统产业园转型阶段 2009—2011 年（A）、电子商务园招商和服务平台搭建阶段（岭南模式 1.0）2012 年（B）、电子商务园服务提升与资源整合阶段（岭南模式 2.0）2013—2014 年（C）、运营模式复制扩张和持续创新阶段（岭南模式 3.0）2015 年（D）。

#### 3. 选择性编码

选择性编码是从主范畴和副范畴中挖掘核心范畴，并分析其与主范畴和副范畴的联系，以"故事线"的方式描绘行为现象和脉络，最后发展成为理论框架。本文确定了电子商务产业园形成与发展路径这一核心范畴，根据主范畴和副范畴的归纳勾勒出故事线如下：

传统产业园转型阶段（2009—2011 年）。2009 年广州岭南国际鞋城成立，并在 2010 年发展成为广东省皮革鞋业十大商贸基地之一（Aa1.1），这个阶段主要是商业地产的运作模式，以租金收入为主。然而 2010 年传统批发市场发展因受到互联网的冲击已经遇到瓶颈，很难有突破性成长，因而岭南国际鞋城在 2010 年开始电子商务化（Ac1.1，Ac1.2），并于 2011 年转型成为岭南国际电子商务产业园（Ac3.1），恰逢广州市政府对于电子商务的发展出台了许多支持政策，2009 年和 2010 年广州市财政共投入 6000 万元，对超过 5000 家初次使用电子商务的中小企业给予资金补贴，扶持了 65 家电子商务服务企业，带动企业投资 3.2 亿元，此外在《广州市电子商务发展"十一五"规划》中提出以打造亚太地区重要的电子商务中心为目标，进一步着力推动"千年商都"和"网络商都"的协调发展（Ac2.1、2.2、2.3、2.4）。

电子商务园招商和服务平台搭建阶段（2012 年）。经过一段时间的摸索，2012 年岭南国际电子商务产业园进入快速成长期，即招商和服务平台搭建阶段，这个阶段岭南电子商务产业园尤其注重基础设施和服务平台的建设，建立了电商园区全国唯一一家电商快递分拨中心

（Ba1.1），与百胜软件联合开发了园区超级 ERP 软件（Ba2.1），建立电商物流街（Ac5.1、4.1），筹建园区企业融资平台（Bb1.1、1.2），建立园区线上分销购物平台（Bc1.1）等，大大增强了产业园对中小电子商务企业的吸引力。截止至 2012 年，园区办公面积达到 25 万平方米，容纳 2000 家电子商务企业，已有 600 多家电子商务企业进驻。而 2012 年也是十二五规划期间，广州市财政每年还安排 5000 万元的电子商务发展资金，同时，电商企业可申报科技资金、软件产业专项资金、科技企业孵化器发展专项资金、创新创业领军人才以及软件企业、高新技术企业和创新型企业认定等以获得支持。因而 2011－2012 年也迎来了全国电子商务产业园兴建的热潮（Be1.1、1.2、1.3）。在此期间，园区也开始建立与高校的联系，合作人才培养与电子商务的研究创新（Bd1.1、1.2）。

电子商务园服务提升与资源整合阶段（2013－2014 年）。2013 年开始，岭南国际电子商务产业园的运营逐渐成熟，构建了以园区为主导的电商文化商圈，并正式提出了岭南模式，即中小电商企业通过电商产业园聚集发展壮大、商贸物流业与传统批发市场通过电商产业园平台成功转型升级的产业园运作模式的统称。主要包括区位优势及生活配套、优质的硬件条件、园区配套服务、互动交流平台和广泛的企业合作五方面（Ca、Cb、Cc、Cf、Cg）。

首先，园区由传统商贸基地转型升级而来，选址位于"珠三角"经济中心地带的广州番禺区的地铁沿线（Cg1.1、1.2），是广州市唯一的地铁上盖的电商产业基地，园区也拥有一站式商业、生活、娱乐、金融配套设施（Cg2）；

其次，园区拥有办公室、仓库、物流街、免费大型会展中心、音响、投影设备（Ca1.1、1.2、1.3），生活设施方面园区内拥有羽毛球场、篮球场、咖啡厅、酒店等免费健身娱乐场地（Ca2.1、2.2）；

再次，园区通过建设创业孵化器（Cb1.1）、岭南电商学院和供应链服务中心（Cb2.1、2.2），联合民生银行、兴业银行、农业银行、番禺新华村镇银行建立电商资本互助社（Cb3.1）等，已经形成了商务办公、产品展示、仓储物流、人才培训、技术交流、创业融资、商业配套、生活配套等服务的网商产业链；

此外，岭南国际电子商务产业园还积极打造企业互动交流平台，包括电商行业交流会（Cf1.1）、电商名人街（Cf2.1）等，其中岭南电商嘉年华截至 2014 年 9 月已经举办两届，吸引大批经营性电子商务企业的到来（Cf3.1、3.2、3.3、3.4）；

最后，企业合作方面，经过多次交流，园区与淘宝网、天猫、京东商城、亚马逊、苏宁易购、唯品会、1 号店等国内顶尖电商平台达成了不同层面的合作（Cc1.1、1.2），还通过与多家高校合作办学培养后备人才，并与企业合作举办大型招聘会（Cd1.1、1.2）。相较于以招商和服务平台搭建为主的上一个发展阶段，这个阶段电子商务的运营活动进一步推进，更加重视资源的整合和电子商务产业园的品牌打造，并通过业务流程的改进降低入驻企业的成本和园区的运营成本（Ch1.1、1.2、Ci1.1），在这个阶段政府也更加重视电子商务产业园的发展，进一步加大了支持力度（Ce1.1、1.2）。

**4．运营模式复制扩张和持续创新阶段（2015 年至今）**

2015 年岭南国际电子商务产业园正式进入复制扩张的阶段，根据岭南国际电子商务产业园董事长欧南雄所述，国内部分依靠大型电子商务企业（杭州阿里巴巴、广州的唯品会）成长的电商产业园比较难以复制，而岭南模式是基于传统商业转型而来，主要为中小微电子商务企业服务，这样的条件在很多城市具备，因而具有明显的可复制性（Da1.1）。2014 年 7 月岭南国际电子商务产业园在番禺区复制的第一个园区即桥南园区（Da2.1），并管理宁波电商城（Da3.1），同时岭南国际电子商务产业园作为中国地产电商产业联盟理事单位，有权申请百亿地产发展基金（Da4.1），已经开始着手江西九江和山东济南的产业园项目（Da4.2）。

据欧南龙雄阐述，未来三年，岭南国际电子商务产业园将在全国落地 5 至 7 个大型电商产业园（Da5.1）。

随着自贸区的兴起，跨境电子商务也迎来春天，岭南电子商务产业园旗下岭南电商跨境物流依托中国南方航空枢纽，布局海外上下游供应链资源，致力于为园区内的电商企业提供专业跨境综合供应链解决方案，目前开通了美国洛杉矶、澳大利亚悉尼和珀斯、新西兰奥克兰、日本东京等十余条海外线路（Db1.1、1.2、1.3）。基于此，2015 年 5 月 18 日，在"岭南赢天下—全渠道资源共享高峰论坛"上岭南电子商务产业园发布了顺应互联网时代趋势的"岭南模式 3.0"，即在以资源平台为向导的岭南电商产业园和以知识分享为向导的岭南电商学院的基础上将高层讲座、资源分享、线上交流、网络应用等众多新型项目进行了全新的整合统一，试图通过规模扩张和持续创新打造电商集群化、产业化、规模化生态链系统（Db2.1、2.2）。

以此故事线为基础，本文构建和发展了关于电子商务产业园形成和发展路径的单案例模型。

### （四）理论饱和度检验

本文用其他具有代表性的电子商务产业园区——浙江省杭州市东方电子商务产业园、义乌真爱网商创业园和网邦电商园的形成和发展历程来进行理论的饱和度检验，并验证此形成和发展路径模型是否在不同类型产业园区中存在差异。

通过将这三个园区的形成和发展路径与电子商务产业园形成与发展单案例模型进行拟合，可以发现电子商务产业园不必经历传统产业园的转型阶段，而都会经历电子商务园招商和服务平台搭建阶段、服务提升与资源整合阶段以及运营模式复制扩张和持续创新阶段。相较于 2010 年以前形成的电子商务产业园，2012 年新开发的园区形成与发展的速度加快，同时受政府政策和外界竞争的影响越来越大，产业园运营商的队伍也更加庞大，运营能力与服务创新面临的竞争更大，并且形成与发展阶段间的界限更为模糊，实现阶段杂糅的同步或者跨越式发展。因而下文将结合理论饱和度检验的结果提出电子商务产业园形成和发展路径的一般化模型。

## 四、电子商务产业园形成和发展路径模型阐释

根据以上扎根理论研究方法的结果，本文将电子商务产业园形成和发展路径模型分为三个阶段：

### （一）基础设施建设和服务平台搭建阶段

在电子商务产业园的形成初期，主要进行基础设施建设和服务平台的搭建工作，此阶段电子商务产业园区运营的目标是招商，即通过良好的园区基础设施、优惠的招商政策吸引当地的中小电子商务企业入驻，服务方面主要提供金融服务和联合销售服务，也是为了吸引更多的电子商务企业。而这个阶段也主要以商业地产的运作模式为主，大部分的电子商务产业园由传统的商贸基地或者工业园区转型升级而来，因而主要的盈利模式为租金收入。在外部环境方面，区域政府政策支持力度不一，因而作为电子商务产业园的经营者也要考虑选址问题，初期政府主要起指导合作的作用，这个阶段的电子商务产业园易与其他同区域的电子商务产业园形成同质化竞争。

### （二）服务提升与资源整合阶段

随着电子商务产业园服务的提升，知名电子商务企业和各类电子商务服务商入驻产业园，产业园中的种群类型增多，随着进入电子商务产业园的企业数量和类型的增加以及企业的不断成长，生态系统中出现了联系多个种群的影响力较大的关键种群，如与其他辅助型企业形成广泛合作关系和商务关系的知名电子商务企业，多个关键种群之间会争夺系统内的资源，因而竞争增强，并通过与寄生种群和支持种群等结合形成次级系统，在这个阶段通过竞争与协调往往能形成较为稳定的竞争格局，对应的是商业生态系统的协调阶段。这个阶段电子商务产业园区的主要任务是创造较为良好的企业竞争外部环境，通过整合运营资源不断提升园区的服务水平，如进一步提升基础设施水平、广泛与企业合作、搭建互动交流平台，解决企业员工的生活配套问题、组织人才培养与招聘工作等，降低入驻企业的成本和园区的运营成本。提升整个园区在众多电子商务产业园区的竞争力，保持对新兴电子商务企业的吸引力，形成与园区内企业匹配的运营模式；有助于园区内竞争格局的快速形成，并发挥生态系统的自稳定功能，打造电子商务产业园品牌。这个阶段中电子商务产业园区的盈利模式也由单纯的租金收入为主转化为以增值服务和盈利提成为主。这个阶段与政府的合作更加紧密，政府的支持政策更加具有针对性，有助于电子商务产业园快速成长、成熟，电子商务产业园也开始有能力进行差异化竞争。

### （三）模式扩张和持续创新阶段

成功的电子商务生态系统有自我扩张、自我稳定和自我升级的特点，自我扩张的特点表现在成功的电子商务产业园区往往对新的中小电子商务企业、创新电子商务服务商和创业者具有较强的吸引力，使得电子商务产业园区有单一园区规模扩张和园区复制连锁化的需求，当商业生态系统纳入新的种群或者受到不同的政策规定等外界环境变化影响时，系统通过自身优胜劣汰的竞争机制具有一定的抵御风险的能力，但是自我稳定的能力有限，因而当新进入的种群较为强大或者环境变化过于剧烈时，电子商务产业园内的竞争格局将进入新一轮的调整中，为了具有更强的竞争力和抵御风险的能力，电子商务产业园也需要通过持续创新和进一步整合资源、降低成本来自我升级以适应变化的环境。

# 五、对策与建议

## （一）政府

### 1. 鼓励并支持传统产业集群转型升级为电子商务产业园区

一方面，受到互联网的冲击，缺乏创新的传统产业集群往往面临着发展瓶颈，难以应对电子商务企业的市场竞争，原来的集群优势反而成了集群劣势；另一方面，传统产业集群因为发展较早，往往位于交通便利的位置，园区面积也较大，基础设施和生活配套设施经过多年的发展也较为完善，因而传统产业集群的转型往往具有良好的基础设施和地理位置优势。传统产业集群转型为电子商务产业园区的前期投资少，施工期短，转型较快，且转型后的电子商务产业园对中小电子商务企业具有更大的吸引力。

### 2. 引导中小电子商务企业入驻园区

通过优惠政策引导中小电子商务企业入驻电子商务产业园区，通过园区统一进行管理，既有助于中小电子商务企业进行自我行为的规范，也有助于集群效应的发挥。

### 3. 为电子商务产业园区的发展创造稳定的政策环境

首先政府需要规范电子商务产业园的行为，进行适当引导，促进园区间的差异化竞争，从而避免过度竞争。同时在电子商务产业园区的发展过程中要创造稳定的政策环境，政策的推出和执行过程应透明化，避免不公平的政策倾斜和政策前后不一致的情况，为电子商务产业生态系统创造稳定的外部环境。

## （二）电子商务产业园

### 1. 注重基础设施建设与服务平台打造

单纯依靠优惠政策吸引电子商务企业入驻园区易导致园区陷入同质化竞争，电子商务产业园需要充分进行园区的建设规划，加强工作区、商业区、生活区的设施建设，并引入信息化管理，打造多元的服务平台、完善的基础设施和多功能的服务平台是电子商务产业园区的硬实力和软实力，两者结合成为电子商务产业园区的核心竞争力，这样才能对电子商务企业形成长期的吸引力，在未来充分发挥电子商务产业集群的集群优势。

### 2. 打造园区产业链，形成稳定生态系统

在招商规划中，注重园区企业的多样化，配备充足的物流机构、美工摄影团队、电子商务咨询服务商、金融机构等，打造集"培训、推广、招聘、采购、创业、拍照、设计、仓储、金融、市场咨询"为一体的完整的电子商务产业链，并通过园区作为中间机构增强园区内部企业的业务关系和合作关系，促进园区形成稳定的生态系统。

### 3. 促进企业间知识与技术交流，共同发展

电子商务产业园不仅是电子商务产业链的载体，更是电子商务产业创新发展的孵化器，园区应打造互动交流平台，积极推动知识和技术的分享活动，促进电子商务创新知识和技术在企业间的流动，有利于园区电子商务企业共同发展，更有助于提高整个生态系统的抗风险能力与在电子商务行业内的整体竞争力。

### 4. 加强园区的服务创新与人才培养

电子商务行业正处于高速发展期，竞争激烈，电子商务产业园要保持其竞争力，需要不断进行服务创新，通过与企业和高校的广泛合作，打造对企业的综合性服务平台，与高校联合办学共同培养电子商务的后备人才，不断为电子商务产业园输送优质的人才。

# 第五节　电子商务生态系统协调性优化策略研究
## ——以苏宁云商为例

## 【本节论点】

中国电子商务经过 20 年的长足发展，已经不是原先单纯的商业电子化的交易手段，日渐庞大和复杂的参与者，已经使电子商务作为一个新的商业文明出现，参与者之间各司其职而又各自受益，形成一个生态圈。本文从电商生态系统的组成和特点入手，研究电商生态系统中，各类型参与者之间在交易中的问题和原因，并且从构建和谐的生态系统角度出发，提出系统协调性的优化策略。以苏宁云商为核心的生态系统为例，分析其协调性以及核心企业的作用。

## 一、电商生态系统概述

### （一）概念

生态系统这一概念最先出现在生态学上，1935 年英国的生态学家 A.G.Tansly 首次提出生态系统的概念。电子商务生态系统是生态系统概念的延伸，但是其基本的含义大抵相同。本文对电商生态系统的界定为：电商生态系统是在电子商务环境下，有共同利益追求的一系列企业和组织机构，通过互联网交易平台，超过地理界限来进行合作竞争和沟通，实现优势互补和资源共享，从而构成了有机的商业生态系统。

## （二）组成

由于网络的正效应，越来越多的企业和组织机构会主动或被动地参与到电子商务的交易中，并发挥各自的功能和获取相应的利益。这些物种成员，可以分为以下几类：领导种群、关键种群、支持种群、寄生种群。

领导种群即核心企业，在生态系统中提供平台和监管等基础服务；关键种群就是电子商务交易的主体，通常有交易中的供应商、生产商、代理商、零售商和终端消费者；支持种群也叫作辅助机构，是交易中不可缺少的组织；寄生种群如网络广告商、技术外包商、咨询服务商等，为网络交易提供增值服务，与系统共存亡。

## （三）特点

电子商务生态系统不仅是企业实施电子商务的一种战略途径，也是一种管理理念的创新。电商系统的最大特点就是整个系统成员的相互协调，强调互利共生，实现共同发展。

# 二、电商生态系统协调机制

电子商务生态系统的共生互利的特点，体现了效益在于各成员之间的集成效益，只有各成员之间的连接顺畅协调，系统内物质能量和信息高度有效地流动和循环，整个系统才会收到 $1+1>2$ 的效果，因此只有各成员之间协调运作，才能提高整体效益。

## （一）电商生态系统协同问题

由于电商生态系统由四种不同的"种群"构成，"生态位"的不同导致他们的属性和功能有很大区别，各自独立运转，但是他们作为企业有共同的驱动力，即各自的利益最大化，这就难免会出现各成员之间以追求自己的利益最大化来进行决策和运行，彼此产生冲突，进而影响整体效益。电商生态系统内各参与主体之间的有效协调是电商生态系统亟待解决的问题。目前电商系统普遍存在的协调性不足问题主要体现在信任、利益、信息和运作四个方面。

解决成员企业之间的信任问题是解决协调不足，实现系统协同创新的基础。商品质量和卖家诚信一直是消费者最为关注的交易问题，尤其在电商生态系统这一复杂的网状关系中，成员之间的信任问题更是交易的前提。一旦系统之间出现商品和服务质量问题，出现阻碍和影响交易过程和消费者体验度的不良现象，整个生态系统就会陷入紧张和相互猜疑氛围，甚至相互指责，由此就会影响整个生态链的和谐和稳定，导致交易成本和交易风险加大，生态系统会陷入不良循环之中。

第二个突出的问题就是利益的争夺问题。毋庸置疑，生态系统中的每个企业都是追求自身利益最大化，加入生态链也是寻求减少交易成本从而获取更大利益。但是当生态系统成员的数量达到一定数量之后，系统内有限的资源无法满足这些相互之间各自独立的经济个体，势必会形成激烈的利益争夺。激烈的竞争容易导致恶性竞争，而使各成员的利润普遍下降，进而影响到生产创新、营销创新和开发研究创新等，这就打断了整个生态系统创新和进化的步伐。

信息不对称是电商生态系统协调性最大的原因。生态系统中各成员之间形成错综复杂的关系网，信息流通过"网线"传递整个生态链，成为交易决策的重要依据。但是在传递的过程中，很难保证信息的完整性和及时性，这就在各成员之间出现了严重的信息不对称行为。严重的信息不对称行为，不仅对于交易主体不公平，不对称的质量和预期，也会造成生态系统中的整体交易质量不断下降。

最后一个协调问题就是各成员之间的协作问题。不同的管理目标、不同的经营风格的多个企业碰到一起，在协作方式上很容易发生冲突。而这些不同形式的冲突也会在成员之间造成更加具象的矛盾，比如财务和技术的冲突、文化和个人的冲突。这些冲突会限制生态系统功能的发挥，引发交易的低效率。

## （二）电商生态系统协调性优化策略

从上述生态系统中出现的问题分析，一个健康的、有竞争力的电商生态系统应该建立相应的协调机制上，将涉及的技术、组织、市场等协同方面，完整无缝地连接起来，实现系统效益最大化。

### 1. 建立关系协调机制，坚实交易基础

建立各成员企业之间的信任关系，是开展电商交易的基础，也是优化生态系统协调性的基础。各成员企业，尤其是关键种群之间，应该从交易双方彼此的关系和交易的频繁度来选择建立相应的信任机制。当成员之间拥有较少的交易经验或是信息时，应当采取建立契约关系，如若违背，则接受惩罚；其次是建立基于信誉的信任，成员之间以信誉作为筹码；最后是知识共享的信任关系，比较适用于熟悉和频繁交易的主体之间。

### 2. 利益分配公平合理，强调利益再分配

各成员之间的利益冲突，应该有领导种群来整体协调和控制。一方面要以发展的眼光，构建公平合理的利益分配机制；另一方面，注重对贡献大而不占生态位优势的成员给予激励，同时对破坏整体利益的行为进行处罚。

### 3. 疏通信息传递通道，创造信息共享环境

领导种群作为电商生态系统的核心，首先要重视制定严格的商品质量标准，并在打造生态系统信息沟通平台的同时，创造信息共享环境。此外，要对信息进行监管，打造安全干净的交易环境。

### 4. 加强种族培育，推进系统进化

解决生态系统中不同成员之间的协作关系，首先，应该确立领导种群的核心作用，成为成员间协作和合作交流的枢纽。其次，领导种群发挥自身信誉，吸引更多的依附物种加入，

优化交易环境，加快系统的自我繁殖和进化。

# 三、苏宁云商案例分析

## （一）苏宁云商生态系统

苏宁云商的前身苏宁电器是国内首家上市的家电连锁企业，更名之前的连锁实体店就高达 1700 多家，覆盖大陆 300 多个城市；其线上平台苏宁易购也跻身零售电商前三。2013 年 2 月 19 日，苏宁电器正式更名为苏宁云商，从此永别"电器"二字。苏宁云商的更名，伴随的是其管理方式和经营形态的转变。苏宁所谓"云商"，是定位于店商+电商+云服务商，将线上和线下两个渠道打通融合，在云的技术上实现专业共享。

苏宁云商的新的商业模式，以云的概念来对苏宁内部组织运营体系进行大融合和大布局，无论是线上的苏宁易购平台还是线下的门店，都共享一套供应链采销系统和统一的财务管理系统，从消费者终端产品展示到电商平台的后台管理，实现线上和线下两大渠道的虚实结合。

## （二）苏宁云商生态系统协调性分析

一个是成熟的传统家电连锁商业圈，一个是新兴的电商销售平台，原来两个不同核心的生态链共生出节点，融合为一个有机的共生整体需要各方面的磨合和调整，才能实现一个电商生态系统预期的协调和健康状态。

下面着重分析以苏宁云商为核心的电商生态系统的协调机制，以及苏宁云商作为领导种群在其中所起的重要作用。

首先是信任协调机制。苏宁云商和阿里巴巴等电商平台一样，采用的是基于契约和信誉的信任关系。这种信任约束，使生态圈中的供应商和物流等成员企业有章可循，有法可依，保证彼此的交易质量。同时苏宁云商运营模式的"店商+电商"，将门店由销售终端逐渐地转向展示、体验、服务职能，一方面保证了消费者对产品真实信息的感受，一方面约束供应商等成员企业，使其重视产品和服务，并创造性地将"视觉识别系统"组成成员企业信任关系，极大地加强成员企业对于彼此的信心。同时，苏宁云商也作为第三方提供物流和支付，利用其企业信誉来构建全产业、全顾客群之间的信任关系。

关于利益的协调，苏宁云商拥有较为完善的利益分配和激励机制。交易双方、网络交易服务提供商、增值服务提供机构在苏宁云商商业生态系统中各谋其利，利益分配的合理化使各种群发展繁荣，吸引了越来越多的参与者。系统核心苏宁云商从生态系统长远发展的角度出发，"云运营商"的运营定位显示苏宁通过构建更加有效便捷的平台，放弃自身的部分眼前利益，为生态系统中其他种群提供了大量的免费服务。这一转型旨在加强系统的开放性，通过与其他参与者之间的合作以及市场本身的力量，抑制系统内的恶性竞争，促进整个生态的健康发展。

苏宁云商的"店商+电商+云运营商"的运营战略转型，有效解决了生态圈中信息不对称问题。首先就是信息的沟通平台。苏宁云商的线上平台提供各种各样的沟通工具和服务，线下门店作为连接交易主体的场所，为成员企业间的沟通提供良好的沟通平台；二是利用大数据和云计算等技术，及时有效地实现生态系统中信息和资源共享。最后利用"多屏互动"技术，苏宁同时通过虚实两大渠道向消费者提供对包括用户评价在内的更为完整的商品内容信息的展示。

以苏宁云商为核心的电子商务生态系统在种群培育和环境培育两个方面都具有较好的协调机制。在协同合作的环境下，各种群都已实现较好的增长。种群培育方面：苏宁云商积极地增加商品类目，不断扩大电子商务交易范围，吸引了大量关键种群的加入。环境培育方面：苏宁云商利用互联网低信息共享成本、不受地域限制等特点，围绕着运作协调的需要，衍生各种与交易相关的其他服务，成为联系其他种群合作的纽带和基础。

## （三）总结

电子商务生态系统的可持续发展，应当建立全面的协调机制。这不仅需要协调各成员之间的信任关系，而且需完善整个系统的利益分配模式，且尽可能缩小成员之间的信息鸿沟，实现各成员之间的信息共享。运作的协调是建立在物种丰富且完善的基础上的，通过领导种群的关键力量来创建、培育电子商务生态系统的协作环境，加强成员之间的有效合作。

# 第六章　电子商务生态系统发展、综述及评价

## 第一节　电子商务生态系统可持续发展

### 【本节论点】

近几年来，由于互联网应用技术的相对成熟及高速发展，我国的经济状况在不断发展和完善，在现有的社会模式要求下，电商环境也在进一步改善。想要实现电子商务生态系统的可持续发展，就要以电子商务生态系统为切入点，对相关问题做进一步的改进与完善，以此来确保可以顺利实现电子商务生态系统的可持续发展，本文针对电子商务生态系统可持续发展的相关问题进行了分析与探讨，为今后电子商务生态系统的可持续发展提供了相应的参考资料。

如今，世界经济增长的全新引擎便是电子商务，随之而来的新颖的、网络化的经济活动所带来的巨大冲击是我们前所未见的，以往传统的经济学正在面临着改变的"命运"，同时，陈旧的竞争规则也将被淘汰，所以我们要用一种全新的理论思想去更好地探索和研究电子商务。

### 一、电子商务生态系统的组成

电子商务生态系统由"生物物种"以及"非生物环境"组成。

#### （一）电子商务生态系统的"生物物种"

电子商务生态系统的"生物物种"包括"关键种群""领导种群""支持种群"三部分。

"关键种群"所代表的是电子商务的交易主体，它所包含的是个体消费者和企业消费者两部分。关键种群所进行的是电子商务产品的一种消费行为，因此电子商务生态系统中其他种群都共同为其提供服务。

电子商务的核心企业我们称之为"领导种群"。在电子商务生态系统中，领导种群扮演资源整合以及协调的角色，起到了提供平台和监督管理的作用。

电子商务一定要依附的组织就是"支持种群"，其中包括软件开发商以及政府部门等，这些都是电子商务生态系统的基础，起着支撑和优化电子商务生态系统的作用。

### （二）电子商务生态系统的"非生物环境"

在电子商务生态系统中，电子商务信息资源环境、电子商务基础设施环境、社会环境共同组成了所谓"非生物环境"。

**1．电子商务信息资源环境**

电子商务信息资源环境指的是一切结构化和非结构化的信息资源。

**2．电子商务基础设施环境**

电子商务基础设施环境指的是在从事电子商务时所采用的有线网络及无线网络等介入设备。

**3．社会环境**

电子商务基础社会环境指的是电子商务法律法规、网络消费习惯以及信用体系等方面的不断发展。

在电子商务生态系统中，一切的生物物种都必须尽到自身的责任，及时与外界的非生物环境实现信息方面的互换、能量的互动等，以便可以更好地建立一个电子商务生态系统。

## 二、电子商务生态系统的特征

电子商务生态系统具有自然生态系统中的所有生物学的特征，属于一个动态功能的系统，它包括自生力量和外生力量。其中自生力量代表关键种群和领导种群可以独立完成自我繁殖与优化；外生力量代表的是支持种群的不断扩大及迅速的发展，不仅如此，外生力量还可以促进生态系统的进化与繁殖，吸引更多的生态主体。

不管是内生力量还是外生力量，都代表电子商务生态系统具有动态变化的能力，可以不断增加电子商务生态系统的物种种类，并起到完善环境的效果。

## 三、构建电子商务生态系统的可持续发展的环境

### （一）电子商务信息资源环境

电子商务信息资源环境是电子商务生态系统中非生物环境的重要组成部分，其自身的健康发展也影响着电子商务生态系统的可持续发展。如今，电子商务信息正在呈几何形式增

长，信息泛滥、分布混乱的现象严重影响着电子商务生态系统的发展。

### 1．信息泛滥

搜索匹配的信息流是从事电子商务的第一步，但是现在网络上的信息规模发展得越来越大，这已经远远超出了用户的判断能力以及吸收能力。"信息泛滥"现在应列入了互联网十大消极影响因素。网络上吸收的信息日益增加，所以用户很难定位到真正需要的有用信息。所以，加大对电子商务信息资源开发和利用的引导力度，是现在最重要的工作之一。

### 2．信息分布混乱

有很多方面的因素都在制约和影响着电子商务信息资源的形成，并且由于电子商务生态系统具有区域性，因此电子商务信息资源分布十分混乱。如果想要顺利实现电子商务生态系统的可持续发展，就要严格依照电子商务生态系统的规律进行操作，合理利用电子商务生态系统的自我调节能力，更新系统内的成员，确保有足够的信息可以供系统内每个成员间自由地交换，这样既可以消除信息障碍，还能合理化地整合电子商务生态系统内的各项信息资源。

## （二）电子商务基础设施环境建设

电子商务基础设施环境，是电子商务交易过程中的最基本的载体，所以在战略上被完全认可与重视。我们可以从安全可靠性、可扩展性、灵活性等角度对电子商务基础设施进行考量。我国电子商务用语和标准都还不算完善，因此在一定程度上也影响着电子商务的发展。电子商务基础设施环境应有利于电子商务生态系统的可持续发展顺利进行，因此，电子商务发展的越成熟，对于安全、可控及开放的基础设施环境的要求就越严格。

## （三）电子商务社会环境建设

电子商务生态系统的建设，并不是单纯的技术框架，而是会涉及整个社会环境，而且社会环境的最终确定，比单纯的技术生成更加困难，我国在现实中的社会环境依然存在着电子商务法律法规和社会信用方面的问题。

### 1．不健全的法制机构与体系

电子商务属于一项十分烦琐的社会系统工程，它会涉及很多法律方面的问题，但我国关于电子商务的立法还不算领先。电子商务发展得越快，引起的法律问题变化得就越快，这也对立法形成了一定的困难。虽然我们能够借用国外一些经验，但也要符合我国的基本国情，所以就要求我国的政府部门成立专门的管理机构，负责电子商务的指导及协调工作，与此同时，也要拟定出一套电子商务法律法规方面的标准及政策。

### 2．建设信用体系方面的问题

电子商务生态系统是以公平为准则，我国社会的最基本诉求就是公开公正公平，这同时也是电子商务的最基本要求。我国的电子商务从个人到企业，甚至整个国家整体的社会信用体系还不够完善。所以，政府的相关部门要对建立社会信用体系大力扶持，更新现有的信用监控体系，拓展信用披露的方式，营造出守信的氛围，并且加强全社会的诚信观念。

## 四、结论

对于电子商务生态系统的发展来说，还有很多没有展现的地方，想要将电子商务生态系统的内容进一步完善，就应该从现阶段的问题进行延伸，在运行的过程中由专业人员以及企业自身管理人员进行共同协商，保证问题能够得到根本性的解决，从而最大范围将电子商务生态系统的诸多问题进行全面性的规划，给电子商务生态系统提供一个更为广阔的空间，以保证对整个电子商务行业的发展起到促进作用。

# 第二节　电子商务生态系统文献综述及评价

## 【本节论点】

电子商务生态系统是指电商生态系统是在电子商务环境下，有共同利益追求的一系列企业和组织机构，通过互联网交易平台，超过地理界限进行合作竞争和沟通，实现优势互补和资源共享，从而构成了有机的商业生态系统。本文以知网数据库为资料来源对电子商务生态系统研究方向的文献资料进行了模块式的划分，并且对这一方向未来的研究趋势提出展望。

## 一、文献成果整体分析

虽然"电子商务生态系统"这一理论提出的时间较短，但其相关研究却发展迅速，2015年相关研究的期刊论文数量大幅度增长。涉及国内大部分一线城市与重要的电商企业。鉴于此，本文尝试着对电子商务生态系统的相关文献成果进行梳理，探寻现阶段文献资料以及研究方向等方面所存在的问题。以中国知网电子资源数据库为数据信息来源，检索关键词"电子商务""电子商务生态""电子商务生态系统"，剔除无关文献后共获取相关文献396篇。依据每年上升趋势与历年参考文献商务种类进行了简单的归纳与对比。

## 二、模块分类

随着电子商务生态系统的研究日益增多并逐渐成为研究热点之一，通过梳理国内相关研究成果，本文发现针对此类的研究主要集中在以下四个方面：电子商务生态系统发展路径；

电子商务生态系统与生物生态系统对比研究；电商生态系统应用研究以及电商生态系统案例研究。

研究电商生态系统的定义并进行了充分的解读，指出了电子商务未来的发展趋势。同时，鉴于电子商务生态动态发展特性，越来越多的专家学者从结构、构建研究方面对其进行了研究，如杨金勇为了能够对模型的合理性进行检验，对评价指标相关性进行分析，通过熵值约简的方法，把对系统影响程度较小以及彼此相关性较高的指标逐个剔除，从而证实了电子商务集群服务平台具有开放、包容等特点。许其彬、王耀德等通过构建电子商务价值协同生态系统，从协同要素、协同结构、协同机制等角度进行协同发展。价值协同形成管理协同、知识协同、企业结构协同、用户协同和信息协同五个协同要素；实现"三个平台四个层次"的实体要素和虚拟信息要素相结合的协同结构。从而提高系统运行的效率和系统协同效应。高立峰、朱占峰、葛浩然等提出了在对绿色生态系统相关研究文献进行综述的基础上，分析了电商物流绿色生态系统的构成。构成要素分析显示，电商物流绿色生态系统构成要素具有层次性、匹配性和协同性，同时要素之间也呈现演化博弈态势。

与此同时，在电子商务生态系统为研究背景下，将电子商务生态系统与生物生态系统相联系与比较，首次提出电子商务生态链这一概念，并对电子商务生态链平衡的标准进行了制定和筛选。胡岚岚、卢向华、黄丽华与邓润萍都提出了生态系统共生模式，基于共生单元利益关系和共生单元交易频率的二维视角，对电子商务生态系统的共生模式的演化路径进行了预测分析。孙浩提出了电子商务生态系统演化机制的研究，演化实验结果表明：系统主体间竞争促使相似主体间的优胜劣汰，合作可以增加系统的稳定性并保证系统主体的平衡发展有利于主体间的共同发展，帮助弱势主体应对多变的外部环境。

对于电子商务生态系统的应用研究，其实是将电子生态系统看作"+"，配合具体的研究对象或领域对其进行关于应用方法的相关研究。王胜、丁忠兵组建了一个关于农产品电商生态系统的理论分析框架，而类似的研究有郭坤、张树山、孙毅研究了基于吉林省农产品电子商务的发展现状，借助商业生态系统理论，构建了吉林省农产品电子商务生态系统理论模型框架。何军、刘晓云、汪怡为我们展现的是旅游电子商务的发展带来了对旅游景区电子商务应用的关注。该研究有助于从整体把握旅游景区各参与方在其中的地位和影响，对发展旅游电子商务应用有一定的实践参考价值。

案例研究是近些年来，许多专家学者比较青睐的一种研究方式，以其直观性、代表性、具体性等为特点，成为时下流行的一种研究类型。电子商务生态系统相关案例研究能够为相关领域的潜在应用对象提供了一种具体的、形象的、可参考价值更大的一种数据研究资料。如池仁勇、乐乐根据淘宝村呈现的产业聚集化、协调合作、产业链完备等特点，用电子商务生态系统理论解释其演化规律，提出淘宝村电子商务生态微系统理论，划分出四大种群，构建该系统理论模型及演化成长模型。而张夏恒是从对京东的跨境电子商务生态系统展开研究，跨境系统涉及更多的环节与要素，其特指交易双方处于不同的国家或关境，通过互联网实现商品交易等一系列活动，以线下跨境物流实现商品的物流与配送。赵雪晴、高功步以苏宁云商为例进行电子商务协调性优化策略研究。文章指出所谓"云商"，是定位于店商+电商+云服务商，将线上和线下两个渠道打通融合，在云的技术上实现专业共享。

### 三、总结与展望

电子商务生态系统作为一个复杂适应性系统，目前使用的研究方法对其进行研究存在很多局限性。首先，关于如何平衡电子商务生态系统中各价值链这一问题有待研究；其次，电商信息管理系统起着"中流砥柱"的作用；从现有研究成果上来看，仅存在对个别省份的电商生态系统或者结合第三方应用平台的相关研究，应进一步扩大研究范围，特别是具有发展潜力的省份或地区，应结合地方独特优势对地区或区域电子商务生态系统进行基础性研究，为地方电商发展提供有价值的参考；除此之外，现阶段针对国外电商生态系统的相关研究较少，应加大力度特别是对于"一带一路"沿线的国家和地区的电子商务生态系统进行系统地研究分析，为我国跨境电商发展以及促进国际贸易发展提供新的思路和理论研究支撑。

## 第三节　生态系统视角下的高职电子商务专业人才培养模式

### 【本节论点】

2007 年开始，我国电子商务发展进入了快车道，国家的"十二五"规划把电子商务作为转变区域经济发展方式、产业结构优化升级的战略重点，明确提出要积极发展电子商务。在行业快速发展的背景下，人才成为制约电子商务产业发展的瓶颈之一。而我国普通高等院校以及高职院校电子商务专业人才的供应无论在数量上、还是在质量上都不能满足电子商务行业当前发展的需要。因此，有必要从生态系统的角度对电子商务人才培养模式作出调整，以使我国电子商务生态系统恢复均衡，达到发展的良性循环。

从 2007 年开始我国电子商务发展进入了快车道，其中以 C2C，B2C 为代表的网络零售业更是以 70% 的年均增长率迅速扩张。国家的"十二五"规划把电子商务作为转变区域经济发展方式、产业结构优化升级的战略重点，明确提出要积极发展电子商务。

随着国家对电子商务利好政策的发布，未来我国的 3000 多万家中小企业中，预计将有半数以上会尝试发展电子商务。电子商务专业的人才需求更加趋紧。2013 年企业电子商务直接从业人员超过 235 万人，而由电子商务间接带动的就业人数也已超过了 1680 万人。

据 2012 年 4 月 18 日淘宝网的"淘工作"频道数据，仅从 2012 年 4 月 2 日到 18 日半个多月的时间里，全部电子商务职位的需求数量是 88870 条；而自 2000 年来教育部已经批准了全国 339 所本科高等院校和 650 多所高职高专开设电子商务专业，每年大约有 8 万多电子商务专业毕业生。由此可见，我国电子商务专业人才供需矛盾突出，如何突破人才瓶颈成为当务之急。

# 一、我国电子商务人才状况分析

## （一）电子商务人才需求状况

中国电子商务研究中心 2013 年度中国电子商务人才状况调查报告（以下简称《报告》）显示，在其调查的所有企业中，83.28% 的企业表示存在较大招聘压力；这其中 28.79% 的企业的招聘压力来自企业自身的快速成长；虽然 2013 年许多电子商务企业进入了调整期，但整个电子商务行业总体上仍处于快速发展阶段；2.59% 的企业预计在 1 年内存在大规模的招聘需求。

目前，我国电子商务行业竞争激烈。为了争夺市场，许多企业没有时间和精力去培训员工，他们最缺的是能够直接上手的、有工作经验的员工。且我国电子商务企业仍处于粗放型发展阶段，这也导致富有工作经验或能够迅速上手的电子商务人才稀缺，各电子商务企业对人才的竞争白热化是必然趋势。从人才需求类型来看，目前最短缺的是技术、运营、推广、服务一类的工具性人才。

## （二）电子商务人才供给状况

（1）人才培养目标、专业定位模糊

许多院校并不是根据市场需要、行业特点以及发展趋势来确定自己的办学目标，而是根据现有师资水平和专业特长来决定电子商务专业人才培养目标及定位。目前大致形成了两大类：一类为技术型，偏重于电子商务网站的建设、网络安全问题、系统技术解决方案等方面；另一类为营销商务型，偏重于电子商务的交易、网络营销、客户服务等方面，这就造成了电子商务专业的人才培养方案和课程体系设计要么与计算机网络、市场营销等专业相似，要么涉及众多专业领域，以万能型人才为培养目标，并没有根据电子商务专业的自身特点设置课程，因此不能符合用人单位对电子商务专业人才的实际需要。

（2）专业师资力量薄弱

担任高等院校电子商务专业教学的师资力量大部分依旧是从计算机、网络、商务、管理等专业吸纳过来的，从事电子商务专业教学的时间也不长，即便在各自原专业领域积累了丰富的教学经验，却由于知识结构的天生缺陷在实际教学中常出现说不清、讲不透的尴尬局面。而且电子商务专业教学不仅注重理论，更强调实践操作，而绝大多数教师自己也是现学现卖、照本宣科、纸上谈兵，并没有多少实践经验，更不要说理论与实践的融会贯通了；

（3）专业实训实习环节落后

实训实习基地建设是电子商务专业教学的重要组成部分，是学生了解企业、深入岗位、理论联系实际的基础。但由于学校经费紧张、教师忙于教学，很难找到合适的、有针对性的企业，同时企业也难以提供大量的实习岗位接纳学生。所以实习环境过于单一、流于形式，这与专业技能的培养目标相差甚远。即使学校建立了电子商务实验室，模拟环境也与实际情况脱节严重。且电子商务行业发展日新月异，而模拟实验软件却更新缓慢，越来越跟不上节奏。因此，这种模拟练习不仅不能真正培养和提高学生的实际动手能力，反而使学生失去了学习的兴趣。

从综合需求和供给两个角度来看，我国普通高等院校与高职院校对电子商务行业的市场发展状况、人才需求还缺乏足够认识，其现有的人才培养模式缺乏有效性和针对性；从而使得培养出来的电子商务专业学生与电子商务企业的用人要求出现严重错位，进一步加深了我国电子商务专业人才的供需矛盾。

## 二、电子商务生态系统的理念

### （一）生态系统与商业生态系统

生态系统的概念是由英国生态学家坦斯利于 1935 年提出的。所谓生态系统是由许多生物组成的物质循环、能量流动和信息传递把这些生物与环境统一起来构成了一个完整的生态学功能单位。任何一个生态系统，不论简单或复杂都由基本生态要素组成。这些基本生态要素在物质循环、能量流动中发挥着各自的特定作用并形成有机整体，缺一不可，使整个生态系统正常运行。生态系统中的各种生物为了生存既存在着竞争和搏斗，又存在着共生和互利。

基于生态系统的概念，摩尔于 1986 年提出了商业生态环境的概念。所谓商业生态系统是指以个体和组织的相互作用为基础的经济联合体，该经济联合体中每个参与者必须依靠其他的参与者才能实现自己的生存。商务生态系统理论认为，企业要适应外部环境的变化，确定同联盟成员的共同愿景，结合各成员的不同贡献组成商务生态系统。处在这个商务生态系统中的各企业应共同为客户创造价值，共同抵御来自系统外部的竞争，在市场生存中求得共同进化。

### （二）电子商务生态系统及其构成

利用商业生态系统理论来分析电子商务，可以发现电子商务是由一系列关系密切的企业和组织机构超越时间、功能和地理位置的界限，将互联网作为合作和沟通平台，通过虚拟企业、动态联盟等形式进行优势互补和资源共享，结合成一个有机的生态系统，该系统内的各个成员各司其职、相互交织，形成完整的价值网络，物资流、信息流和资金流在价值网络内不断循环流动，共同组成一个多层次、多要素、多侧面的错综复杂的电子商务生态系统。

电子商务生态系统分为三个子系统：核心系统、支撑系统和外部环境系统。

（1）核心系统。由电子商务交易主体包括消费者、生产者、销售商等构成，是电子商务生态系统其他参与者共同服务的对象，即"客户"。

（2）支撑系统。主要由政府、配套产业、行业协会、服务提供商、人才培养和科研机构等构成。为核心系统的物流、资金流、信息流畅通提供保证，也为其不断发展输送技术人才。支撑系统能有效地促进技术与人才等资源在电子商务生态系统中的共享，保证核心系统的正常运行是电子商务生态系统中不可或缺的组成部分。

（3）外部环境系统是指电子商务发展所处的社会文化、地理状况、政府政策、市场发展水平等所有外部因素状况。外部环境系统是电子商务生态系统的基础，良好的外部环境可以为电子商务生态系统提供发展所需的一切养料，包括资金、设备、人才、技术、制度等各方面。

# 三、构建生态均衡的高职电子商务人才培养模式

由上文不难看出，高职院校属于电子商务生态系统中的支撑系统，为电子商务生态系统的运转提供人才保证。而当前各类高等院校电子商务专业人才的输出不良极大地影响了整个电子商务生态系统的发展。因此，有必要从生态系统的角度上对电子商务人才培养模式作出调整，以使我国电子商务生态系统恢复均衡，达到发展的良性循环。

## （一）优化电子商务教学生态环境

探寻影响电子商务人才培养的生态因素间的关系及规律，如课程、教材、教师、制度、学生等。在人才培养的实践环节可采纳校企合作模式，根据培养的类型、层次和方向选择不同区域的相关企业，把企业员工请进课堂、把教师送进企业、教师带领学生顶岗实习等形式的活动多样化开展，也可以在校内建立校企合作的联合实验室，形成真实的企业环境和氛围，用于加强学生实践能力的培养，从而进行分层次培养；应用生态环境的方法，确立电子商务人才培养质量的分析视角，总结电子商务人才培养生态环境的结构和属性，对影响电子商务人才培养质量的生态因子进行分类，并分析不同生态因子的作用方式和作用原理，从教师、课程、教材等多角度优化教学生态环境，实现电子商务专业人才自身需求和社会需求的高度一致，最终切实提高人才培养质量。

## （二）三位一体的专业培养模式设计

在专业知识教学方面，强调扎实的理论基础，鼓励多参与实践活动；在素质教育方面，塑造与时俱进的价值体系，培养学生主动学习的习惯；在就业教育方面，引导知识应用的创新，有条件的学生可以选择自主创业。这就是电子商务专业人才培养模式的"三位"，而且这"三位`是不可分割的有机整体，必须协调统一发展。依据生态环境的视角，在人才培养上应全程监控，不断调整电子商务专业课程的框架体系，区分层次、更新内容、拓宽知识面；强化实践教学，鼓励学生参加各种网络创新应用的实践，充分调动学生主动学习的积极性和创造性，感知理论解决现实问题的魅力；重点突破，引领学生积极参与科技创新实践，学会利用新型网络手段进行营销策划并实施，有条件的甚至可以鼓励学生参与教师科研项目，承担少量的科研任务，学习项目管理的模式；完善创新激励机制，促进学生自主创新；鼓励开展团队式创新创业训练活动，让学生认知到团队的组成和组织效率之间的关系。

## （三）人才培养模式的具体实践及有效控制

根据地方经济社会发展需要和学校自身实际提出任务，积极探索实践电子商务人才培养模式，造就高素质电子商务人才。确立与时俱进的教育观念，充分发挥教育观念的先导作

用，确立知行并进的教学体系，充分发挥教学体系的核心作用，鼓励学生主动参与到企业的现实运营中去，帮助企业分析并解决问题，让企业员工辅导学生进行应用实践活动；确立灵活有效的管理机制，充分发挥管理机制的保障作用。具体而言，高职一、二年级学生以专业兴趣引导和培养为主要内容；高职三年级学生引导其形成自己的职业目标，模拟实际企业或项目构建项目小组或团队，明确成员分工，让学生在项目的运营过程中逐步得到锻炼，提升解决问题的能力和决策水平；针对高职四年级学生，依据不同的专业发展方向进行精准定位培养；针对高职五年级学生重点引导选择合适的区域、行业、企业和岗位，实现多方向的充分就业。

# 第七章　我国电子商务生态系统
## ——以阿里巴巴为例

## 第一节　打造电子商务生态系统

【本节论点】

电子商务系统是一个复杂的、多层次的大系统，本节以阿里巴巴生态系统为例，从生态系统的视角对其进行分析和研究，以期能理清我国电子生态群落的内部演化路径，促进我国电子商务的发展。在文本的研究中，首先对电子商务生态系统从概念、演化机制与演化特点三个角度进行理论分析，再结合阿里巴巴生态系统的案例，理论联系实践，更好地阐述我国电子商务生态系统的演化机制。

阿里巴巴成立于 1999 年，目前是全球第二大和中国第一大电子商务集团，旗下包括阿里巴巴 B2B、淘宝网、支付宝、阿里巴巴云计算、中国雅虎等公司，2008 年在中国香港上市。阿里巴巴总部位于中国杭州，在中国大陆超过 30 个城市设有销售中心，并在中国香港、瑞士、美国、日本等设有办事处或分公司。阿里巴巴的营运模式像滚雪球一样，首先从最基本的盈利点入手，然后不断捕捉新的盈利机会。从最基础的帮助企业架设站点，到随后的网站推广，以及对在线贸易资信的辅助服务，交易本身的订单管理不断延伸。

以免费会员制吸引渴望获取信息的潜在用户。淘宝网面向个人卖家实行免费开店的策略，目前 90%以上收入是广告收入。未来淘宝主要收入来源将是数据服务，淘宝具备所有网络交易的实时数据库，这对企业了解市场、了解消费者是非常重要的。通过挖掘这些数据提供给企业，淘宝将获得主要收入。淘宝在帮助更多的企业在网络购物市场中获得利益的同时，通过服务费和收入提成等多种方式，也将从中获得巨大的商业回报。

借助企业资质与交易记录维护信任机制。2002 年 3 月，阿里巴巴启动了"诚信通"计划。该计划主要通过第三方认证、证书及荣誉、阿里巴巴活动记录、资信参考人、会员评价等 5 个方面，审核申请"诚信通"服务的商家的诚信。计划实施的结果显示，诚信通的会员成交率从 47%提高到 72%。这是利用传统手段而非技术手段解决了网络商家之间的信任问题。

　　第三方保管货款维护支付机制安全。国内电子商务发展初期遇到的两个最核心的问题：一个是支付手段缺乏，接入成本过高，申请流程复杂；另一个是信用体系不完善，买家卖家在网上交易时，双方无法确认对方诚信度，买家不敢付款，卖家不敢发货。目前，支付宝的主要盈利模式包括：提供针对 B2B、B2C、C2C 在线交易的电子支付解决方案；提供信用卡还款、水电费、通信费等公共事业缴费服务；提供小额批量付款等企业清算解决方案以及客户管理等营销工具、卖家信贷等增值服务。

　　为会员提供便利的增值服务。对于建立时间不长的中国市场，99%的企业都是中小企业，市场经济环境与美国迥然不同，这就决定了中国发展电子商务的初级模式应以为中小企业服务为主。阿里巴巴 B2B 实行会员制度，提供"诚信通会员"和"中国供应商会员"有偿服务。阿里巴巴作为平台提供者不介入会员企业间的交易行为。

　　增值服务与现金流并重的营利模式。阿里巴巴的主业务为其带来的收益主要源自会员收费以及相关的企业站点和网站推广收益。阿里巴巴以很低的费用或者免费的方式吸引了大量的会员，并提供一系列围绕主业务的相关增值服务，形成对固有会员的强大黏性和对潜在客户的强大吸引力。"支付宝"业务正在成长为阿里巴巴最大的收益来源。"支付宝"伴随着阿里巴巴、淘宝等构建的业务模式，迅速发展和扩大，"支付宝"的延迟支付机制汇聚的大量资金很容易为阿里巴巴创造收益，由于延迟支付行为的持续发生，这些资金能够转化为稳定的现金流，即阿里巴巴随时拥有一笔巨大的无息贷款，而且只要交易量上升，贷款的总额就会上升。

## 一、电子商务生态系统的概念

　　电子商务生态系统是在传统的商务生态系统的基础上演变而来，是更高层次的商务生态系统，由电子商务、金融、物流、政府等企业与组织共同组成，其通过互联网整合各方资源，形成一种信息共享，协同进化的生态系统。

## 二、电子商务生态系统的演化机制

　　传统商业生态系统的演化主要可以划分为四个阶段：开拓、成长、成熟、进化。与此相类似，电子商务生态系统也要经历形成、发展、成熟及衰退的逐步演化过程。具体如下：

　　首先，电子商务生态系统的开拓阶段。核心电子商务企业通过机制创新来吸引其他参与者，例如物流、金融、供货商等加入，继而形成的一种新兴电子商务生态系统。其次，电子商务生态系统的发展阶段。随着核心电子商务企业的不断成长，整个生态系统中的其他企业也得以飞速发展，同时也会有更多的企业加入生态系统中来。再次，电子商务生态系统的协调阶段。扩展阶段物种的快速增长，使协调阶段各物种之间的利益关系越来越复杂，领导种群为维持系统的健康发展，需要对系统规则进行一定的调整与完善。最后，电子商务生态系统的进化阶段。当生态系统受到新模式、政策规定等外界环境变化的致命威胁，系统将进入进化阶段，需要颠覆性地改变原有的模式，并进化为全新的电子商务生态系统。

## 三、电子商务生态系统的演化特点

电子商务生态系统具有更高的更新速率。电子商务作为一个新兴行业，其技术更新快，在发展过程中可参考借鉴的模式比较少，在很多时候是"摸着石头过河"，在发展过程中不断地进行"试错"和"创新"，因此电子商务生态系统具有更高的更新速率。

电子商务生态系统中核心企业具有绝对的领导地位。电子商务生态系统基于核心企业而形成，核心企业的发展直接影响到生态系统的稳定、健康与发展，同时整个生态系统的发展与进步也是基于核心企业的发展壮大，因此，在电子商务生态系统中核心企业具有绝对的领导地位。

电子商务生态系统的边界比较模糊。电子商务基于互联网而产生与发展，其能够与诸多传统行业相结合，没有明确的边界，基于发展的需要，其边界能够进行灵活地扩展，满足自身发展的需要。

电子商务生态系统的发展面临更大的威胁与挑战。由于法律法规以及发展模式的不健全，电子商务生态系统在发展过程中会面临着更大的挑战与威胁，其受技术、环境等的冲击更大，更易遭受衰退与夭折。

## 四、阿里巴巴生态系统的演化机制

阿里巴巴集团最初创建于 1999 年，经过多年的发展，经历了开拓、拓展、协调三个阶段，一步步发展壮大，目前仍具有极大的发展潜力，还远未达到衰退阶段。

阿里巴巴生态系统的开拓阶段。阿里巴巴最初是定位于中小企业的发展，致力于实现中小企业的低成本运营，在最初，阿里巴巴生态系统的结构十分简单，只有关键物种（中小企业）、领导物种（阿里集团）及部分必要的支持物种（金融、物流等）。

阿里巴巴生态系统的扩展阶段。成功存活下来的阿里生态系统在得到一系列融资后，其经营范围与规模不断壮大，也进入了发展的快车道。从中小企业交易到个人交易，其中 2004 年创建的淘宝网，由于其低廉的交易费用，迅速风靡全国。

阿里巴巴生态系统的协调阶段。随着阿里生态系统的壮大，阿里也逐步对内部关系进行协调以促进系统的进一步发展，阿里逐步从"电子商务服务商"转型为"电子商务基础设施运营商"，此外，阿里还通过一系列的举措来抑制内部竞争，促进整个系统的发展。

## 五、结论

本文通过与传统商务生态系统的对比厘清了电子商务生态系统的内涵，并得出了电子商务生态系统演化的四个阶段：形成、发展、成熟及进化，进一步分析了电子商务生态系统的四大特点：高更新率、核心企业绝对领导、边界模糊以及更大环境威胁。最后，通过阿里巴巴案例的分析，用理论联系实践，更好地论证了我国电子商务生态系统的内部演化机制。

# 第二节　阿里巴巴共赢的生态链

## 【本节论点】

阿里巴巴这个电子商务"王国"作为一个典型的商业生态系统，与众多中小企业一起，经历着构建商业生态系统过程中的四个主要阶段，本节从阿里巴巴的商业生态系统出发，建立并完善着一条稳定的、共赢的生态链。

"如果说杨致远是互联网领域里第一个世界级的华人企业家，那么马云就可能是第二个。马云是个天才的商人，他把一团乱麻织成了一匹锦绣。"知名财经作家吴晓波，畅销书《大败局》的作者，曾这样评价阿里巴巴的创始人马云：在中国，聪明的人实在是太多了，从而滋生了过多的机会主义者，然而像马云这样敢于坚持心中理想的"铁心企业家"却凤毛麟角。

商业生态系统的思想，最早由美国学者詹姆斯·穆尔提出，在其著作《竞争的衰亡》一书中，他把商业生态系统定义为"以组织和个人的相互作用为基础的经济联合体。穆尔经过研究认为，每一个成熟的商业生态系统，都有一个领导型的企业，它和所有系统中的成员一起，集中思考，探索整个系统发展的道路。阿里巴巴就是一个典型的电子商务商业生态系统中的领导型企业，故其发展历程和企业本质，也可以用商业生态系统的四阶段演化理论来解读。

## 一、第一阶段：开拓——机会的识别与利用

我们都知道，阿里巴巴的创办并不是马云第一次试水互联网行业，之前马云及其原始团队曾多次创业。1995 年 4 月，马云创建了中国最早的网络公司之一——"海博网络"，并由此建立了"中国黄页"（Chinapage）项目，主要用于通过网站向世界介绍中国企业。1997 年底，马云的网站营业额达到 700 万元。

这些经历虽然和"阿里巴巴"这座中国电子商务王国的城堡没有直接的关联，但却是马云对于商业机会的识别和开发，可以看作马云创办阿里巴巴并构建电子商务商业生态系统的基础，故属于第一阶段的前期准备。

1999 年 1 月，马云和他的团队回到杭州准备再次创业。亚洲电子商务大会的感悟和多年草根生活的背景，使马云突然意识到，当今的电子商务平台一般只注重那 15% 的大公司、大型企业，却很少触及那些占总数 85% 的中小型企业。于是，马云看到了一个难得的机遇，阿里巴巴的雏形开始在他的脑海里浮现。他决定构建一个具有中国背景特色的 B2B 电子商务平台，主要瞄准国内的中小型企业，通过网络向国内及全世界展示这些企业的基本资料，以帮

助他们获得在传统运作模式中稀缺的市场。

公司初创在杭州，处于长江三角洲地带，加之浙江省本来就是中小型企业数量庞大的地区，这给阿里巴巴 B2B 电子商务平台的成功提供了现实土壤。于是，马云及其团队开始潜心致力于阿里巴巴交易平台的建设，并通过关系网和自身的努力开拓，不断寻找企业成为其合作伙伴。

## 二、第二阶段：扩展——理念传播与核心能力建设

阿里巴巴 B2B 电子商务平台成功建立起来以后，马云团队在不断宣传该商业理念的同时，尽量排除一切外界干扰，集中所有力量进行网站平台的开发与建设。事实证明，正是这些前期的技术准备，才产生了阿里巴巴最初的两大盈利模式，"会员收费"和"支付、物流收费"。阿里巴巴对其会员（中小型企业）提供两种服务，一种是"中国供应商"，一种是"诚信通"。两者均使中小型企业获得了前所未有的巨大发展良机和对外交流的机会，使他们不再处于信息封锁的状态。

2003 年，坚持在电子商务领域、初衷不改的阿里巴巴，宣布通过建立"淘宝网"，正面挑战全球 C2C 网络交易平台的老大——美国 eBay（易趣）。当时 eBay 正开始对会员采取收费制度，而马云果断做出"淘宝网"未来三年不收费的决定，在国内市场一举击退 eBay，并迫使后者将易趣卖给 Tom 在线全身退出中国市场。"淘宝网"虽然是 C2C 模式，但是也在很大程度上激活了阿里巴巴 B2B 电子商务平台，使得其会员企业的大批产品能够进入"淘宝网"交易流通，增加了企业产品的销售渠道，全新的 B2C 网络交易模式得到孕育。2003 年10 月，阿里巴巴推出支付宝，并将其正式投入使用，从而解决了网络营销支付的安全和信用问题。阿里巴巴的商业生态系统因此不断得到完善和巩固，核心商业模式已经趋于成熟。

## 三、第三阶段：领导——树立权威地位

安稳度过互联网"寒冬"的阿里巴巴，其所建立的电子商务商业生态系统已经日趋成熟与完善，阿里巴巴成了该系统的绝对领导者，参与的企业数量在不断增加，各成员之间的不同角色也逐渐清晰、稳定。但是，在系统结构稳定的同时，系统虽进入共同繁荣时代，但大部分参与者的相对利润正在减少。进入第三阶段后，由于商业模式的成熟，商业生态系统开始出现资金和新进入者的大量涌入等特征，许多后来者，不论系统内外，都在展望着各种机会，他们能够充分利用系统的资源轻而易举地进入系统内部。此时，领导者必须要小心谨慎，审视各种繁荣现象背后的风险和危机。

对于资金的大量涌入问题，马云团队所持有的融资理念一向是成熟的。在阿里巴巴成长初期（开拓和扩展阶段），软银集团董事长孙正义曾想为阿里巴巴注入资金 4000 万美元，但是马云仔细考虑过后，觉得 2000 万美元才是一个合理的数字，而后双方达成协议。在进入第三阶段之后，顺利挺过"互联网寒冬"的阿里巴巴，于 2004 年获得了比以往更多的投资者青睐。然而，他们没有盲目选择投资方，而是坚持理性地对待提供资金的对象和融资数目，最

终软银、富达、TDF 和 Granite Gobal 等投资商共同给阿里巴巴强力注入 8200 万美元。

不久之后，马云又意识到，作为一个电子商务网络贸易的生态系统，信息是该系统赖以生存的基础，未来的电子商务离不开专业的搜索引擎，否则其发展必将受到束缚。于是，在 2005 年 8 月，阿里巴巴以 10 亿美元的价格将其 40% 的股份卖给雅虎，从而全面收购"雅虎中国"的所有资产，此举措很好地弥补了阿里巴巴在搜索功能上的缺陷。

这一系列的决策与措施，使得阿里巴巴在不断自我完善的同时，引领了整个电子商务生态系统的发展方向，增加了中小企业的盈利机会范围，也树立了自身在该系统中的绝对权威，巩固了其领导者的地位。这一系列的措施给后来的竞争者造成了难以跨越的门槛，很好地限制了新进入者对其的威胁。

## 四、第四阶段：自我更新或死亡——持续改进与创新

通过十多年的努力，阿里巴巴的电子商务生态系统的版图已经基本出现了完整的轮廓：以阿里巴巴 B2B 电子商务平台为系统的业务核心，辅以"淘宝网"C2C 平台的消费刺激，并具有"支付宝"（第三方支付的安全支付系统）的网上支付安全保证和"雅虎中国"（专业搜索引擎）的强大搜索功能支撑。可以说，目前的阿里巴巴虽然已经基本度过了商业生态系统的第三阶段，树立了行业的权威，成为绝对的系统核心和领导者。但是，笔者认为，它还没有完全进入第四阶段。因为就阿里巴巴 B2B 平台来说，其会员企业的范围还不够广泛，多集中于沿海地区，如浙江等对外贸易大省，还需要向中西部地区扩散；"淘宝网"的 C2C 平台仍然处于高速增长阶段；此外，雅虎中国还需要进一步地系统整合等。

虽然阿里巴巴的电子商务生态系统还并没有真正进入第四阶段的历程，但是马云团队近年所做出的一些决策，让我们看到了阿里巴巴已经为其自我更新和持续创新做好了思想上的准备。

近几年，阿里巴巴非常注重自身软件的开发，如阿里旺旺等；而推出不久的"阿里妈妈"——一个全新的互联网广告交易平台，首次引入了"广告是一种商品"的商业理念，主要针对网站广告的发布和购买；2007 年 11 月 6 日，阿里巴巴在中国香港上市，上市后的阿里巴巴将斥巨资进行收购，试图打造一条完整的"电子商务生态链"，主要针对其商业生态系统中的中小型企业，帮助他们打通物流和资金流，从而将简单地帮助企业寻找商业机会的模式，转变为真正意义上帮助会员企业实现高效的管理与运作。

这些举措都让人们看到了阿里巴巴为改革和持续改进所做的准备以及它敢于创新和勇于转型的决心，也更加映衬了阿里巴巴与其系统中的企业协同进化，达到共赢的初衷和事业目标。人们有理由相信，阿里巴巴会顺利进入并度过最后一个阶段，达到转型或新生，而不是被替代或者自己瓦解。

综上所述，以阿里巴巴为核心领导的商业生态系统，产生了以下几点积极的作用：

企业效益的集体提高。阿里巴巴的电子交易平台，使得原本销量低下的众多中小企业获得了良好的商业机会，迅速增长的消费需求大大拉动了各企业生产效率的提高。良好的系统健康度和稳定性，使得绝大部分企业实现了整体性的改善。

提高了缝隙市场的创造力。由于该商业生态系统中的企业呈现出多样性，所以其交易平台上的技术和产品或服务同样具有多样性。这种迅速增长的多样性，促进了在该系统中有效创新数量的增加，从而使得原本处于缝隙市场的产品具有了更加广阔的生存空间。

企业（网商）与平台协同进化。阿里巴巴平台里的企业（网商）群体在蓬勃发展的同时，它们的电子商务应用需求也在不断地、迅速地增加；另一方面则是阿里巴巴服务平台的技术水平和服务质量也在不断地提高。由此便形成了企业群体和阿里巴巴电子商务平台的相互拉动、相辅相成、均衡式的良性互动与协同进化。

系统成员的互利共赢。阿里巴巴通过"中国供应商""诚信通""支付宝"以及"雅虎搜索引擎"等技术平台，为广大企业会员提供了良好的盈利机会；与此同时，阿里巴巴也以"会员收费制度"和"支付、物流收费"等方式，建立了自身的盈利模式，双方达到了互利共赢。

系统稳定性的增强。阿里巴巴与众多企业所构建而成的商业生态系统，形成了与外界环境的紧密联系，与合作伙伴间牢固的、友好的战略同盟关系，给其系统内的后来者和效仿者及系统外的竞争者树立了一道难以逾越的门槛。整个系统的抗风险能力显著提高，稳定性增强。同时也促进了系统内的良性竞争与合作，提高了内部企业成员的生存力。

# 第三节 论电子商务生态系统的构建和变革

## 【本节论点】

PC 时代，阿里巴巴取得了巨大成功。移动互联时代的到来，阿里巴巴生态系统面临危机。本节以阿里巴巴为例，阐述了电子商务生态系统的概念、特点，分析了阿里巴巴生态系统的构建、变革战略，认为该生态系统的变革将使得物种更适应环境，有较好的前景。

达尔文的进化论认为：一个物种能在进化过程中存活下来，并不是因为它更强大或更机智，而是因为它更能适应变化的环境。反观电子商务，各物种要长远地生存下去，全依赖于一个健康的、可持续发展的生态系统。本文以互联网标杆企业——阿里巴巴为对象来研究中国电子商务生态系统的构建和变革。

## 一、电子商务生态系统的概念

电子商务生态系统类似于自然界中彼此依赖生存的物种，并随着生态环境的转变，不断适应、协调地生存、成长、进化。根据生态系统的相关理论，电商生态系统囊括了各个企业或组织和其所处的社会环境。从事电子商务的企业和个人形成了电子商务的核心元素，这些元素之间和元素与所处环境之间的互相作用影响和协同进化，构成了电子商务生态系统。

电子商务生态系统包括买家和卖家的电子商务活动，以及供应商、制造商、分销商、交易服务等。司林胜和王凌晖指出，电商生态系统是商务生态系统的一种，是电子商务交易企业、金融服务公司、物流服务的企业、政府和其他组织联盟或虚拟合作模式等，通过互联网平台实现资源共享而形成的一个生态系统。其组成成员间信息同享、共同进化，最终完成自身组织和其他组织的协调发展。借助生物学概念，研究学者将商业生态系统中的"物种"分为三类，即骨干型、主宰型和缝隙型，每一生态位在该系统中具有不同的功能。骨干型企业决定该商业生态系统的类型及发展方向；主宰型企业决定该系统的健壮性及竞争力；缝隙型企业为主宰型企业的发展提供辅助性的支持。

## 二、电子商务生态系统的特点

### （一）开放性

生态系统是一个开放系统，内部主体以及外部环境内稳固不断地进行物质、信息和能量的互换，比如企业或者组织的资本、人力、商业信息等。通过信息交换和物质流动，整个生态系统才得以不断优化、不断进化。生态系统的开放性确保了自身系统的新陈代谢与蓬勃发展。

### （二）相互作用性

生态系统内部主体各元素之间，主体元素与生态环境之间相互作用、相互影响。主体元素在自我进化的同时，也推动了整个生态系统的发展。

### （三）自我组织和自我适应性

生态系统在一定范围内，拥有自我构造、自我学习、自我适应和净化的功能。所有的主体虽处在整体大环境中，但又在局部环境内进行着自我有目的的独立发展。

在电子商务系统环境中，每一个主体都在根据自身的生存和发展需要，不断调整着自己的行为活动，以求在环境中获得更多的信息和资源，来更好地促进自身的稳步发展。与此同时，大量的适应性主体在电商生态环境中的一系列活动和举措又反过来影响着整个环境。主体和环境在不断相互作用、相互影响中，如此反复呈一种螺旋式上升的发展态势。

## 三、阿里巴巴商业生态系统的构建

作为全球领先的服务平台，阿里巴巴电商平台凭借其技术及资源优势，吸引了海量的中小企业和创业者加入。基于海量用户所带来的网络正反馈效应，阿里巴巴的平台价值不断增加，又吸引了众多的合作伙伴，共同构成了商业生态系统。阿里巴巴作为生态系统的骨干型企业，在有效创造价值的同时，与自身生态系统的成员共同分享价值。

当前，阿里巴巴电商平台包括阿里巴巴 B2B 公司、淘宝网、天猫、支付宝、中国雅虎和阿里巴巴云计算等公司，服务延伸至电子商务产业链的交易、支付、搜索、营销各个环节。

电商上下游涉及的环节太多，如流量、供应链、仓储物流、支付、代运营、统计服务、导购等。作为骨干型企业，阿里巴巴在商业生态系统中，选择做平台，只做核心的流量经营、用户体系构建、电子支付，有选择性地将供应链、仓储物流、代运营等相对较"重"的环节交给第三方来做。比如在流量经营上，在"双十一"等电子商务的购物节里，阿里巴巴更是与实体商家合作，用"最高五折、全场包邮"等优惠吸引消费，促成了购物狂潮。

## 四、阿里巴巴商业生态系统的变革

在中国互联网快速发展的今天，固守 PC 端的阿里巴巴生态系统明显反应有些滞后，原有商业生态系统的短板也逐渐暴露出来。

### （一）京东商城构建良好物流体验，阿里流量损失严重

一直以来，阿里巴巴的物流配送业务一直被业内消费者不断批评，依靠第三方物流的模式，通常收到"缓慢和混乱"的评价。京东商城在物流配送上的卓越表现让阿里巴巴旗下的淘宝、天猫丢城失地。原因在于阿里巴巴生态系统中的短板——物流环节采用社会化（或第三方物流）。调查报告表明，对第三方物流表现持不满意态度的电商企业近 40%。探究其原因，大部分企业认为第三方物流公司在面对客户多样化的需求时，无法作出相应的快速高效的反应。阿里巴巴又缺乏有效的监控，造成大量用户流失到以京东商城为首的竞争对手。

### （二）微信构建 O2O 生态，先发优势明显

几年前，腾讯公司的微信横空出世，一下子吸引了大量的社交用户。腾讯公司依托微信平台，把购物（京东）餐饮（大众点评）、出行（滴滴打车）等生活 O2O 服务吸纳进来，更是依托公众号和订阅号网罗了大量中小商家及服务。凭借移动端的大量用户资源，在电商、移动支付等诸多领域对阿里巴巴生态系统发起挑战。尽管阿里巴巴在内部强推"来往"力图打压微信，但仍阻止不了腾讯在 O2O 生态圈的强力发展势头。

### （三）大众点评力压口碑，淘点点难成气候

阿里巴巴在生活服务类布局很早：万能的淘宝除了实物商品，还有大量的服务类商品出售，团购巨头——美团最初就接受了阿里巴巴的投资，口碑网梦想成为国民的生活服务指南。然而，世事难料。

背靠腾讯的大众点评力压口碑网，成为国内餐饮服务业的首选口碑门户。大众点评又启动开放战略，围绕吃喝玩乐，相继布局了酒店、旅游、电影等业务，对接携程、去哪儿、格瓦拉等既有平台，又与商业巨头百盛集团达成战略合作，加速线下实体商业向线上线下融合的 O2O 购物新体验。作为在餐饮领域的布局，阿里巴巴的淘点点在外卖市场的份额还仅仅是

个位数，被饿了么、美团外卖远远抛在后面。

### （四）阿里巴巴的变革

阿里巴巴寻求将其生态链延至移动平台，推出了手机淘宝、支付宝钱包、淘点点等产品，但市场格局已变，不变革很难重续原有的辉煌。

阿里巴巴的存在价值体现在卖家和买家两方的体验上，不能失去任何一方，而买卖双方完成交易的体验有很大一段体现在物流上。阿里巴巴深知物流对供应链的影响和供应链对电商生态系统运作效率的影响，为了填补物流短板，阿里巴巴开始与多个企业集团合作共同组建菜鸟物流，目标是通过5～8年的努力打造一个开放的、社会化物流大平台，在全国任意一个地区都可以做到24小时送达。

同时，阿里巴巴开始实施以支付宝钱包为核心的变革战略，主要思想是依赖强大而完善的支付工具，建立商家和用户的公共服务平台，类似于微信的公众号系统。

支付宝钱包作为一个独立 App，开发时间较早，是移动互联网上成功的产品之一。2013年，手机支付宝改名为支付宝钱包，并整合余额宝后开始快速发展。支付宝最新的版本以场景开拓为特征，支持构建移动状态下生活、金融、沟通和消费等各式各样丰富的支付场景。

支付宝钱包的愿景是让场景适应于人无时无刻不在变化的需求，并能在场景里提供最优质的体验，这样就能把用户整个留在自己的场景平台上。最新的动作就是联合蚂蚁金服合资成立生活服务平台公司"口碑"，类似于大众点评。

不仅如此，阿里还加快了投资和收购步伐，诸如高德地图、快的打车、银泰商业纷纷接入支付宝钱包，以加强以支付宝钱包为核心的主宰型企业的力量，同时促进阿里巴巴商业生态系统中移动环境下物种的多样性。

## 五、结论

阿里巴巴在电子商务业务上起步早，对电商领域和用户具有深度的了解，领先其他诸多电商企业，在 PC 时代形成了垄断地位。在移动互联时代，阿里巴巴的确慢了一步，对于讲究快的时代，慢一步可能随后会慢很多步。在电子商务生态系统中，物种必须不断适应环境。阿里巴巴生态系统必须不断变革，一旦找到可以存活的土壤，相关物种便能奋力生长，相信以阿里为核心的生态系统潜力应是无限的。

# 第四节　阿里巴巴淘宝村生态系统

## 【本节论点】

随着电子商务的发展，农村电商已经成为农村经济发展的重要组成部分，淘宝村作为农村电商发展的典型形式，以其独特的集聚和演化机制吸引了众多的关注。因为农村的经济水平相对落后，电商的发展也相对困难，但淘宝村在实践过程中，取得了不错的结果。淘宝村从形成到发展演化，也经历了不同的阶段，本文将从集聚的视角对淘宝村的发展以及生态系统的演化机制进行研究。

自我国的电子商务应用出现以来，随着经济的发展和互联网设施不断地发展与完善，我国网民呈级数型增长，购物方式也越来越多元化，从 PC 端到手机端，电子商务交易额也快速增长。根据第 40 次《中国互联网络发展状况统计报告》可以看出，我国网名规模保持持续稳定的增长，截至 2017 年 6 月，网民规模达到 7.51 亿元，农村网名占 26.7%，互联网普及率达 54.3%，农村互联网普及率上升至 34.0%，但城乡差距依然较大。在互联网应用方面，通信使用差别不大，在贸易、购物、娱乐等应用上差异较大，可见农村电商发展潜力还是很大。从 2014 年开始，阿里巴巴、京东等电商巨头就开始争先在农村进行布局，随着工业品下乡、农产品进城，近年来农村电子商务取得了不错的发展，国家也先后颁布促进农村电子商务发展的政策以及相关的指导意见。农村电商的发展为"三农"问题的解决提供了新的思路，也成为农业升级、农村发展、农民增收的重要手段。随着农村电商的发展，集聚效应也逐渐凸显，最典型的代表就是淘宝村，淘宝村以其独特的集聚和演化机制吸引了众多的关注，成为农村经济发展的重要组成。本文将从集聚的视角对淘宝村的发展以及生态系统的演化机制进行研究。

# 一、淘宝村形成过程

大量网商借助村落的地理优势、地方特色以及现有资源等进行集聚，利用淘宝交易平台进行交易，通过集群降低成本形成规模效应，并且协同发展，进而形成淘宝村。

## （一）初生阶段

在农村电子务发展之初，因为农村经济条件相对落后，农户对于电商的意识普遍薄弱，"淘宝店"的进入门槛低，存在少数敢挑战、对电商有较深认识的农村创业群体会对电商进行初次尝试。初期电商的投资回报率较高，个别创业家的成功对村落原有的经济发展路径是一个冲击，但成功的尝试使得村民接受电商这个新事物，也为区域内有潜力的创业者提供了方向。在这种环境背景下，部分村民开始纷纷进行学习效仿，将资源向电商方向转变。在这个阶段，淘宝店数量少，而且都是各自经营，店与店之间的联系不多，其他服务机构也是不存在的。

## （二）成长阶段

随着村民的纷纷效仿，淘宝店也在不断地增加。随着业务量的增多，为了增加利润，店与店之间进行沟通交流，为了业务需求，进行一定的能量、资源以及信息的交换。单个店铺要想持续发展下去是很难的，在该阶段，已有的淘宝店之间会根据自身的需要进行抱团，抱团发展可以降低成本，成员之间可以相互沟通交流，可以相互学习经验。在这个阶段，因为淘宝店家还处于一个发展阶段，自身还欠缺一定的资源，所以会自发进行集聚，相互促进，进行店家与店家的优势融合，各自的竞争力也不断地增强。在这个阶段，电商集群配套的基础设施、发展所需要的资源有了较大程度的改善，政府也会提供相关的政策支持。

### （三）成熟阶段

随着淘宝店家的集聚以及发展的需要，产品以及生产过程都慢慢地制度化、标准化。供应链体系也逐渐发展起来，相关店家直接的抱团发展也逐渐转变为正式的合作关系。在这个阶段，产品的销量，店铺的发展都处于快速上升的阶段，也逐渐有其他种群的加入，带动了其他种群的发展，比如物流、销售等服务机构，不同的种群扮演着不同的角色，通过淘宝交易平台建立虚拟的合作与联盟，进行能量、资源的交换，逐渐形成一个有机的生态系统。

## 二、淘宝村生态系统的特征

### （一）自发组织性

淘宝村生态系统源于一些有创新意识，对电商有较深认识，对市场有敏锐观察力的创业者。他们利用当地现有的资源，结合当地的特色，获取生产材料，生产出产品，利用电商平台把产品销售出去，前期将会收到可观的利润，这也将吸引村民纷纷效仿。随着村民的加入，种群不断地增加，在这个过程中，创业者与其他种群，不断摸索，进行相互的适应，进行资源的交换，协同发展。淘宝村生态系统，是自发组织发展，在发展的过程中，政府等其他组织提供支持，起到辅助推动作用。

### （二）集群性

在生态系统中，单个的种群是不可能生存下去的，所以种群之间会进行集群，形成群落。不同的种群在生态系统中进行能量、资源的交换，协同进化，对于淘宝村生态系统来说，更是如此。相对于城镇来说，农村没有优越的地理位置，交通不便利，产业比较零散，种群之间只有聚集，进行交流，才能产生规模效应，不同种群的集聚，才能更好地协调各种群之间的关系，进行资源的匹配，提高种群的存活率。农村电商的发展一部分基于其地理位置，所以地理位置相近的村落发展条件也相似。

### （三）根植性

农村电子商务的发展受到本地的地理位置、人文环境、所拥有的资源、本身的经济基础影响较大，包括制度上的、组织上的以及地域上的。根植性对于农村电子商务的发展有两面性，在发展初期，由于根植性的存在，可以是种群进行快速地集聚，推动生态系统的形成和发展，节约了成本，提高了效率，但是随着生态系统发展成熟，根植性会制约生态系统的发展，因为种群对根植产生的路径有依赖性。这也是很多淘宝村前期发展很顺利，后期就会发展停滞，甚至倒退的原因。

# 三、淘宝村生态系统种群发展机制分析

## （一）种群的出现

在自然条件下，一个新的物种出现的原因有两种：基因突变和外来物种的进入。对于淘宝村生态系统也是如此，新的物种的出现是由于外来物种的进入，因为淘宝村形成之初，是因为农村创业者将电商搬进村落，少数人进行了尝试，取得不错的利润之后，才吸引其他村民的学习、效仿，进而才开始了淘宝村生态系统的演化。

## （二）种群的增长

淘宝村的集聚受到地理位置、空间上的限制，一定空间内的资源是有限的，而且随着种群的增长和集聚，也会出现竞争、环境恶化等问题，所以淘宝村生态系统的种群不会持续增长，最初在种群快速增长的情况下可以看作是阶段性的 J 型增长，但随着种群的增多，种群的增长率会逐渐减小，因为淘宝村生态系统是由多个种群构成，单个电商对于团体的依赖性也大，所以在生态系统中总会以一个团体进行迁入迁出。这导致种群的增长会呈现跃迁的特征。在这里需要说明的是，在自然生态系统中存在不连续增长的种群，比如一年生的昆虫，而淘宝村生态系统的种群是呈现连续增长的状态的，只是增长率会逐渐减小。

## （三）种群内共生关系分析

种群的共生关系是指在一定的环境下，在同一共生单元的种群因为经济系统的复杂性，进行能量、资源的交换达到共同生存的目的，从而形成的界限模糊且相互依存的关系。共生关系可分为：寄生、偏利共生、非对称互惠共生、对称互惠共生。

### 1. 创业者种群与基础产业种群之间的共生关系

电商在农村发展之前，农村基础产业就已经存在了，而且已经形成了一种固定的交易模式，有固定的交易渠道，所以农村电商创业者在农村电商发展初期时，与传统的销售渠道相比，是比较弱小的，进行的交易量也很小，甚至可以忽略不计。而且，当电子商务作为一种新的销售渠道，会对传统的销售渠道带去冲击，会造成一些矛盾，所以前期核心种群与交易主体种群之间是寄生的关系。

### 2. 创业者种群与服务种群的共生关系

农村经济相对落后，村民缺乏专业的电商知识，由于地势比较偏，信息、物流等基础设施比较落后，所以发展前期，政府会扮演推动的角色，推出相关的支持政策，创业种群初期需要服务种群的支持，但是涉农电商服务商初期也正在处于发展的阶段，所以创业者种群与服务种群间进行对称的物质和能量的交换，初期两者是互惠对称的共生关系。随着农村电商的不断发展，创业种群的地位也会提升，在这个阶段，服务种群会扮演好自己的角色，服务于创业种群，后期呈现的是寄生的关系。

### 3．创业者种群与交易主体种群的共生关系

涉农电商平台进农村，受到创业种群的响应，推动农村电商的发展，促进淘宝村的形成。涉农电商平台需要创业种群的加入，创业种群在平台上才能实现交易，所以两个种群之间是互惠共生的关系。在发展初期，涉农电商平台为了让创业种群尽快加入平台中来，会降低门槛，进行"让利促销"，但随着创业种群的加入，不断发展壮大，对于交易产生的利润会进行分配。前期会出现能量在平台集聚，但能量分配不均等现象，所以属于非对称互惠共生关系，随着发展，后期会逐渐呈现对称互惠的稳定关系。

## 四、淘宝村群落演化机制分析

随着淘宝电商的集聚，吸引创业种群的加入，进而带动其他经济行为主体的出现和发展，比如随着淘宝电商的发展而出现的为电商提供生产用地的租户群体，该群体中最受益的就是村落的本地人，他们为电商经营者提供生产用地，加入到生态系统中来，进行物质和能量的交换。随着群落的演化会出现相关的支持种群，他们服务于核心种群，为生态系统的正常运作提供支持，比如相关的物流企业、金融机构、第三方支付平台等。进而演化出寄生于电子商务系统之上的种群，这些种群不能离开淘宝村生态系统而单独存活，包括电子商务咨询服务商、技术外包商、网络运营服务商等，是为整个电子商务交易提供各种增值服务的。群落的不断演化，带动周边经济的发展，使种群不断丰富，进而保持生态系统的稳定以及可持续发展。

## 五、结论

农村电子商务作为推动农村经济发展的重要手段，近年来发展迅速，淘宝村的发展作为农村电商发展的典型形式备受关注，淘宝村从形成到发展、演化都以其独特的路径进行，随着演化的进行，不同种群也会加入淘宝村生态系统中来，在生态系统中进行物质和能量的交换，相互协同发展，农村电商的发展还需要一定的时间，淘宝村虽然取得了不错的成绩，但因其受地势、创业群体特性、固有资源等因素的影响，还需要结合特定的位置进行布局，并时刻关注发展的变化，结合外部环境，及时做出响应，才能是淘宝村生态系统稳定、可持续地发展下去，才能推动农村电子商务的发展，进而提高农村经济发展水平。

# 参考文献

[1] 徐绪松. 复杂科学管理[M]. 北京: 科学出版社, 2010.

[2] 蔡晓明. 生态系统生态学[M]. 北京: 科学出版社, 2000.

[3] 叶秀敏. 电子商务生态系统研究[M]. 北京: 社会科学文献出版社, 2010.

[4] Willetts, K. 徐俊杰, 裴文斌译. 数字经济大趋势: 正在到来的商业机遇[M]. 北京: 人民邮电出版社, 2013.

[5] 陈威如, 余卓轩. 平台战略: 正在席卷全球的商业模式革命[M]. 北京: 中信出版社, 2014.

[6] 叶秀敏. 电子商务生态系统研究[M]. 北京: 社会科学文献出版社, 2010.

[7] 张维迎. 博弈论与信息经济学[M]. 上海: 上海人民出版社, 1996.

[8] 谢识予. 经济博弈论[M]. 上海: 复旦大学出版社, 2002.

[9] H.哈肯. 戴鸣钟译. 协同学: 自然成功的奥秘[M]. 上海: 上海科学普及出版社, 1988.